'Arxaizm va istorizmlar' mavzusidagi o'quv qo'llanmasi

Utanova Vaziraxon Maxmudjon qizi

© Utanova Vaziraxon Maxmudjon qizi
'Arxaizm va istorizmlar'
mavzusidagi o'quv qo'llanmasi
by: Utanova Vaziraxon Maxmudjon qizi
Edition: June '2024
Publisher:
Taemeer Publications LLC (Michigan, USA / Hyderabad, India)

ISBN 978-93-5872-707-4

© **Utanova Vaziraxon Maxmudjon qizi**

Book	:	'Arxaizm va istorizmlar' mavzusidagi o'quv qo'llanmasi
Author	:	Utanova Vaziraxon Maxmudjon qizi
Publisher	:	Taemeer Publications
Year	:	'2024
Pages	:	80
Title Design	:	*Taemeer Web Design*

MUNDARIJA

KIRISH 4

I. BOB. ESKI SO'ZLAR QATLAMI 8

I.1-§. Tilshunoslikning leksikologiyani o'rganuvchi bo'limi haqida ma'lumot 8

I.2-§. O'zbek tili leksikasining boyish manbalari 12

I.3-§. Tilshunoslikda eskirgan so'zlarning kelib chiqishi va ularning qiyosiy tahlili 25

II. BOB. ARXAIK LEKSIKA 34

II.1-§. Arxaizmlarning paydo bo'lish tarixi 34

II.2-§. Arxaizmning turlari va guruhlanishi tavsifi 39

II.3-§. O'zbek tili leksikasida arxaizmlarning o'rni 43

III. TARIXIY LEKSIKA 51

III.1-§. O'zbek tilining lug'at tarkibidagi istorizmlar 51

III.2-§. O'zbek tili leksikasidagi istorizmlarning tiplari va grammatik xususiyatlari 60

III.3-§. Istorizmlarning badiiy asarlar leksikasida tutgan o'rni 67

IV. ARXAIZM VA ISTORIZMLARNING FARQI 70

IV.1-§. Tarixiy va arxaik birliklarning muhim belgisi ... 70

IV.2-§. Leksik arxaizmlarning leksik istorizmlardan farqi 72

XULOSA 74

FOYDALANILGAN ADABIYOTLAR 76

KIRISH

"O'zbek tili xalqimiz uchun milliy o'zligimiz va mustaqil davlatchilik timsoli, bebaho ma'naviy boylik, buyuk qadriyatdir"

SH.M. Mirziyoyev.

Har qaysi xalq milliy qadriyatlarini o'z maqsad – muddaolari, shu bilan birga, umumbashariy taraqqiyot yutuqlari asosida rivojlantirib, ma'naviy dunyosini yuksaltirib borishga intilar ekan, bu borada tarixiy xotira masalasi alohida ahamiyat kasb etadi. Ya'ni tarixiy xotira tuyg'usi to'laqonli ravishda tiklangan, xalq bosib o'tgan yo'l o'zining barcha muvaffaqiyat va zafarlari, yo'qotish va qurbonlari, quvonch va istiroblari bilan xolis va haqqoniy o'rganilgan taqdirdagina chinakam tarix bo'ladi.

Biz bu masalaga ana shunday ilmiy asosda yondashib, qadimiy tariximizni o'rganish va baho berishda unung biror–bir davri yoki jabhasini e`tibordan chetda qoldirmaslikka harakat qildik. Jumladan, mustamlakachilik va sovet davridagi ommaviy qatag'onlar paytida zulm va zo'ravonlik qurboni bo'lgan, istiqlol yo'lida jon fido etgan ajdodlarimizning hurmati va xotirasini joyiga qo'yish, ularning el-yurt ozodligi yo'lidagi ishlari, qoldirgan merosini izlash va o'rganishni aynan ana shunday ma'naviy negizda yo'lga qo'yganimizni qayd etish zarur.

El-yurtimiz taqdiriga daxldor bo'lgan tarixiy adolatni tiklash, xalqimiz va millatimizning yaqin o'tmishidagi yopiq sahifalarni to'la ochib berish, shu tarixdan saboq chiqarib, bugungi va kelajak hayotimizga ongli qarashni shakllantirish, begunoh qurbon bo'lgan insonlar xotirasini abadiylashtirish biz uchun ham qarz, ham farz edi.

Buyuk sivilizatsiya va madaniyat beshigi bo'lgan, ko'hna va hayratomuz tarixni o'zida mujassam etgan Vatanimizdagi bebaho yodgorliklar, osori atiqalar haqida so'z yuritar ekanmiz, shu zaminda yashayotgan barcha insonlar ularni avvalo xalqimiz dahosining yorqin namunasi, ta'bir joiz bo'lsa, unung yuksak ma'naviyatiga qo'yilgan muazzam haykallar deb qabul qiladi.

Davr taraqqiyoti, ijtimoiy hayotdagi o'zgarishlar tilning barcha sohalarida u yoki bu darajada o'zgarishlar bo'lishiga olib keladi. Bunday o'zgarish tilning leksik sathida ancha sezilarli kechadi. Bunda to'rt holat kuzatiladi. Birinchidan, ayrim so'zlarning eskirib, iste'moldan chiqib ketishi kuzatilsa, ikkinchidan, allaqachonlar iste'moldan chiqib ketgan so'zlar qayta "jonlanadi", "tiriladi", uchinchidan, yangi-yangi so'zlar paydo bo'ladi, to'rtinchidan, nofaol so'zlar faollashadi, iste'mol doirasi kengaydi, ma'noviy tabiatida o'zgarishlar yuz beradi. Bu hodisalarning barchasi ma'lum bir obyektiv sabablar asosida ro'y beradi.

Tilshunoslikning leksikani o'rganuvchi bo'limi, tilning lug'at tarkibi haqidagi fan leksikologiya deb ataladi.

Tilning lug'at tarkibi va uni tashkil etuvchi so'zlar bir qator umumiy xususiyatlarga egaligi bilan xarakterlanadi. Leksikologiya leksikani xuddi shu umumiy xususiyatlari nuqtai nazaridan o'rganadi. Bu xususiyatlar quyidagilar:

1. Avvalo, lug'at tarkibini tashkil etuvchi har qanday so'z ma'noga ega bo'ladi. Ana shu ma'nosi nuqtai nazaridan so'zlar o'ziga xosliklarga ega. So'zning ma'nosi (semantikasi) va u bilan bog'liq masalalar leksikologiyadagi asosiy masalalardan biri hisoblanadi. Leksikaga oid bu masala bilan leksikologiyaning semasiologiya bo'limi shug'ullanadi.

2. Har qanday tilning taraqqiyotida uning eng o'zgaruvchan, eng tez harakatdagi qismi leksikasidir. Til taraqqiyoti protsessida lug'at tarkibi yangi-yangi so'zlar hisobiga boyib borish bilan birga, undagi ayrim so'zlar eskiradi, shuningdek, iste'moldan chiqib boradi. Demak, lug'at tarkibi avvaldan o'zlashib kelgan va hozirda iste'moldagi so'zlar bilan birga nisbatan yangi so'zlarga va eskirgan so'zlarga egaligi bilan ham xarakterlanadi. Leksikologiyada leksikaning ana shu tomoni ham o'rganiladi.

3. Lug'at tarkibidagi so'zlar iste'moldagi darajasi bu nuqtai nazardan umumiylikka yoki chegaralanganlikka egaligi bilan ham o'zaro farqlanadi. Ma'lum so'zlar umumxalq iste'molida bo'lsa (masalan, non, suv, katta, yugurmoq va b.), ayrim so'zlarning iste'mol doirasi ma'lum jihatdan chegaralangan bo'ladi. Masalan, dialektal so'zlar territorial jihatdan chegaralangan bo'ladi (sas — tovush, istamoq — qidirmoq, bolish — yostiq, eshik — hovli, uy va b.); terminlar sotsial nuqtai nazardan chegaralangan, ya'ni ma'lum kasb-hunar sohasidagi kishilar nutqida qo'llanish bilan chegaralangan bo'ladi (Masalan, urg'u, leksika, affiks — tilshunoslikka oid

terminlar; konus, piramida, kvadrat — geometriyaga oid terminlar; kultivatsiya, barona — qishloq xo'jaligiga oid terminlar; basketbol, gol, nokaut — sportga oid terminlar va hakazo. Leksikologiya lug'at tarkibi- ana shu nuqtai nazardan ham o'rganadi.

4. Lug'at tarkibidagi so'zlar nutqqa, uslubga bo'lgan munosabatlariga ko'ra ham o'zaro farqlanadilar. Ma'lum so'zlar nutq turlariga, uslubga (stilga) betaraf (neytral) munosabatda bo'lsa (quchoq, bechora, osmon, ichmoq va b.), ayrim so'zlar nutq uslubining ma'lum turiga xos bo'ladi (og'ush — badiiy uslubga xos, boyoqish — oddiy nutqqa xos, samo — poetik uslubga xos, adib — kitobiy uslubga xos va h.). Leksikologiyada so'zlarning ana shu xususiyatlari ham o'rganiladi.

5. Har bir so'z tovush qiyofasi va ma'nosiga ega, ya'ni shakl va mazmunga ega. Lug'at tarkibidagi so'zlar ana shu shakl va mazmuni jihatidan turlicha munosabatga ega bo'lishi mumkin. Masalan, chaqqon, epchil, chechan, abjir, chapdast so'zlarining shakli har xil, ma'nosi bir xil (sinonim); ko'k (rang), ko'k (osmon), ko'k (maysa, ko'kat) so'zlarining shakli bir xil, ma'nosi har xil (omonim) va hakazo. Leksikologiyada so'zlar o'zaro ana shunday munosabatlari nuqtai nazaridan ham o'rganiladi.

So'zlar haqida aytib o'tilgan xususiyatlar tildagi barcha so'zlar uchun taalluqli. Leksikologiyada ham asosan ana shu tipdagi so'zlar o'rganiladi.

I. BOB. ESKI SO'ZLAR QATLAMI

I.1-§. Tilshunoslikning leksikologiyani o'rganuvchi bo'limi haqida ma'lumot

Leksikologiya so'zi grekcha lexicos – "lug'aviy belgi" va logos – "bilim" so'zlaridan olingan bo'lib, tilshunoslikning so'z va so'zga teng lug'aviy birliklar, til boyligi haqida bahs yurituvchi sohasidir.

Obyekti - tilning lug'at boyligi va uning asosiy birligi bo'lgan so'z.

Predmeti:

a) so'z va leksema munosabatlari, leksemaning lug'aviy birlik sifatidagi belgi-xususiyatlari, lisoniy va nolisoniy omillarga munosabati muammolari bilan shug'ullanish;

b) lug'at boyligining strukturaviy va sistemaviy xususiyatlarini, taraqqiyot qonuniyatlarini, tilning boshqa sathlari (fonetik sath, grammatik sath) bilan aloqalarini, shuningdek til leksikasidagi jarayonlarda lisoniy va nolisoniy omillar ishtirokini tadqiq qilish.

Maqsadi - talabalarda leksikologiya bo'yicha mustahkam bilim darajasini, shuningdek, leksik-semantik tahlil ko'nikmalarini shakllantirish.

Vazifalari:

a) so'z va leksema munosabatlarini, leksemaning asosiy lug'aviy birlik sifatidagi belgi-xususiyatlarini, ma'no va tushuncha o'rtasidagi umumiy va farqli jihatlarni, leksik ma'no tiplarini aniqlash;

b) turli leksik-semantik guruhlardan har birida shu guruh a'zolari o'rtasida shakllangan sistemaviy munosabatlar turini belgilash, shu masalalarga oid fikrlar, qarashlar bilan yaqindan tanishib chiqish;

c) muayyan tilning lug'at boyligidagi eskirish va yangilanish jarayonlari, bu jarayonlarda lisoniy va nolisoniy (lingvistik va ekstralingvistik) omillarning ishtirokini o'rganish;

d) lug'aviy birliklarning funksional-semantik tavsifini berish, ularning lisoniy birlik va uslubiy vositalar sifatidagi xususiyatlarini yoritish;

e) lug'at boyligidagi eskirgan, yangi va zamonaviy qatlamlarni, tematik guruhlar va mikrosistemalarni aniqlash.

Leksikologiyaning o'rganish manbai so'z bo'lsa, o'rganish predmeti uning quyidagi jihatlari:

a) lisonning asosiy lug'aviy birligi sifatidagi leksema muammosi, leksik birlik tiplari;

b) til lug'at tarkibi strukturasi;

d) lug'aviy birliklarning qo'llanilishi;

e) lug'at tarkibining boyishi va taraqqiyoti;

f) leksik birliklarning tildan tashqaridagi borliq bilan o'zaro munosabati.

So'z umumlingvistik muammo, shu boisdan u umumiy so'z nazariyasi doirasida ham o'rganiladi. Leksik birlik doirasiga nafaqat alohida so'z (tugal shakllangan birliklar), balki so'zga teng barqaror birlik, murakkab, tarkibli so'z ham kiritiladi. Lekin so'z asosiy lug'aviy birlik sanaladi.

Shakl va mazmun birligidan iborat so'z til birligi sifatida uch yo'nalishda o'rganiladi:

a) struktur jihatdan (so'zning qurilish xususiyatlari);

b) semantik jihatdan (so'zning lug'aviy ma'nosi);

d) funksional jihatdan (so'zning lison va nutq strukturasida tutgan o'rni).

Struktur yondashuvda so'z leksikologik nazariyasining asosiy vazifasi uning alohidaligi va o'ziga xosligi mezonini tiklashdir. Birinchi holatda so'z so'z birikmasi bilan qiyoslanib, uning tugal shakllanganlik va alohidalik belgilari ochiladi. So'zning nutqdagi analitik shaklining lisoniy asosi yoritiladi. Ikkinchi holatda so'zning turli grammatik shaklidan hosil qilingan lisoniy invariantini tiklash xususida so'z boradi. Shu munosabat bilan grammatik shakl olgan leksema so'zshakl tushunchasi - muayyanlashtiriladi. Shuningdek, leksemaning turli nutqiy fonetik, morfologik, leksik-semantik variantlari o'rganiladi.

Lug'aviy birlikning semantik tahlilida, ular (lug'aviy birliklar) leksik semantika - semasiologiya tadqiq manbaiga aylanadi. Bunda so'zning tushuncha (signifikat) va borliqdagi atalmish (denotat)ga munosabati o'rganiladi. Semasiologiyada so'zning semantik xususiyati - bir ma'nolilik va ko'p ma'nolilik, umumiy va xususiy, mavhum va muayyan, bosh va hosila, to'g'ri va ko'chma ma'nolari tekshiriladi. Bunda asosiy e'tibor so'zning semantik strukturasiga, so'z ma'nolari tipi va ularni ajratish mezoniga, so'z ma'nolarining o'zgarishi va taraqqiyoti, so'zning ma'nosini yo'qotishi va grammatik formantga aylanishi desemantizatsiya hodisasiga qaratiladi.

Funksional yondashuvda so'zning nutqda voqelanish jarayonidagi roli, shuningdek, boshqa lisoniy sath birliklari voqelanishiga, ular umumiy ma'nolarining parchalanishiga qo'shgan "hissasi" tekshiriladi. Masalan, (odamcha) so'zida [odam] leksemasi (-cha) morfemasining "kichraytirish-kamsitish" ma'nosini (qizcha) so'zidagi "kichraytirish-erkalash" ma'nosidan farqlagan, morfologik sath birligi bo'lgan [-cha] morfemasining "kichraytirish" umumiy ma'nosini parchalab, uning birini ikkinchisidan ajratgan.

Leksikologiya leksikaga til tizimidagi ichki sistema sifatida qaraydi. Shuningdek, o'zaro ma'noviy umumiylikka ega bo'lgan lug'aviy birlik yanada kichik, ichki tizimcha sifatida qaraladi. Shu asosda katta va kichik, ichki tizimlarning pog'onali, bir-birini tashkil etuvchilik munosabati ochiladi. Masalan, [olma], [o'rik], [nok] kabi ho'l meva nomi bir tizimni tashkil etadi. Sabzavot nomi boshqa bir tizimni tashkil qiladi. Ular yuqoriroqda yana birlashadi - kichik tizimchalardan tashkil topgan "meva-sabzavot nomi" tizimini tashkil qiladi va umumlashtirish yuqoriga qarab davom etaveradi.

Tilning lug'aviy tarkibi bir xil emas. So'zlar turli asosga ko'ra ko'plab turlarga ajratiladi. Masalan, qo'llanish darajasiga ko'ra umumiy iste'mol va chegaralangan (yoki xususiy) leksika, qo'llanish davriga ko'ra eskirgan so'z, zamonaviy so'z va neologizm, qo'llanish doirasiga ko'ra dialektizm, professionalizm, jargon kabi turlarga bo'linadi.

Leksikologiya til lug'at tarkibining boyishini o'rganganda uning 3 tipini ajratadi. Bulardan 2 tasi (yangi so'z yasash, so'zni yangi ma'noda qo'llash) ichki boyish imkoniyati bo'lsa, bittasi tashqi (so'z o'zlashtirish) imkoniyatidir.

Leksikologiya tilshunoslikning semasiologiya, onomasiologiya, etimologiya va frazeologiya kabi bo'limlari bilan hamkorlikda ish ko'radi, bunday hamkorliksiz tilning lug'at boyligidagi leksik-semantik xodisalarni, lug'at tarkibi taraqqiyotiga oid til faktlari to'g'ri yoritib bo'lmaydi: semasiologiyada lug'aviy birliklarning mazmun plan – semantik tarkibi va shu bilan bog'liq masalalar tadqiq qilinadi; onomasiologiyada narsa-hodisalarni yoki tushunchalarni nomlash prinsiplari o'rganiladi; etimologiyada so'zlarning kelib chiqishi aniqlanadi; frazeologiyada tilning lug'at boyligidagi ko'chma ma'noli turg'un birlikmalar – frazemalar xususida bahs yuritiladi. Tilning leksik, fonetik va grammatik sathlari ham o'zaro bog'liqdir: fonetik birliklar so'zni bog'liq tusiga kiritadi, morfemalar yasama so'zlarni shakllantiradi, so'zlarning birikuvchanlik imkoniyatlari, uslubiy vosita sifatidagi xususiyatlari ularning leksik va grammatik ma'nolariga hamda uslubiy semalariga tayanadi. Bular leksikologiyaning fonetika, morfemika, so'z yasalishi, grammatika va uslubshunoslik (stilistika) bilan aloqada bo'lishini taqozo qiladi.

I.2-§. O'zbek tili leksikasining boyish manbalari

O'zbek xalqi, ma'lumki, eng qadimgi turkiy urug' va qabilalardan o'sib chiqqan, demak, uning tili ham shu urug' va qabilalar tili negizida rivoj topgan. Markaziy Osiyodagi turli tarixiy va ijtimoiy-siyosiy jarayonlar xususan, arablar, mo'g'ullar va ruslar istilosi, qardosh qozoq, qirg'iz, turkman, tojik xalqlari bilan qo'shnichilik munosabatlari ham o'zbek tili taraqqiyotiga jiddiy ta'sir o'tkazgan, bunda, ayniqsa, turkiy-arab, o'zbek-arab, o'zbek-tojik, o'zbek-qozoq, o'zbek-qirg'iz, o'zbek-turkman va o'zbek-rus bilingvizmi kabi omillarning roli katta bo'lgan. Ana shu tarixiy jarayonlar bilan bog'liq ravishda o'zbektilining lug'at boyligida ikkita yirik qatlam - o'z va o'zlashgan qatlamlar tarkib topgan. O'z qatlam o'zbek tili leksikasining umumturkiy leksemalari va o'zbek tilining o'z leksemalaridan iborat qismlaridir.

1.*Umumturkiy leksemalar* o'zbek tili leksikasining eng qadimgi lug'aviy birliklaridir. Ularning aksariyati hozirgi qozoq, qirg'iz, turkman, ozarbayjon tillarida ham saqlangan. Qiyos qiling: bosh (o'zb.) – bas (qoz., qoraq.) – bash (qirg'., turkm.); til (o'zb.,qoz.,qirg'.) – dil (turkm., ozarb.); tog' (o'zb.) – too (qirg'.) – tav, tau (qoraq,qoz.) – dag' (turkm., ozarb.) kabi.

O'zbek tili leksikasidagi umumturkiy leksemalarning o'ziga xos fonetik va semantik belgilari bor.

Fonetik belgilari: a) leksemalarning ko'pchiligi bir yoki ikki bo'g'inlidir. Bir bo'g'inli leksemalar: qo'l, ko'z, bosh, tosh, bir, uch; ikki bo'g'inli leksemalar: ikki, olti, oltin, yetti, ota, ona va boshqalar. Uch bo'g'inli leksemalar juda kam: qo'rg'oshin, qumursqa, yigirma kabi;

b) leksema yoki bo'g'in boshida undosh tovushlar qatorlashib kelmaydi;

d) leksema oxirida undosh tovushlar yonma-yon qo'llanishi mumkin, ammo bu hodisa juda kam uchraydi: ort, ost, ust, to'rt, qirq kabi;

e) ikki bo'g'inli leksemalarning birinchi bo'g'ini to'la ochiq (**o**-na, **o**-ta), boshi yopiq (**ku**-mush, **bo**-la), oxiri yopiq (**ol**-tin, **o'r**-dak), to'la yopiq (**bay**-ram, **bay**-roq), ikkinchi bo'g'ini esa boshi yopiq (o-**ta**, o-**na**) va to'la yopiq (ol-**tin**, ku-**mush**, si-**gir**) strukturali bo'ladi;

f) ikkinchi bo'g'in hech qachon unli bilan boshlanmaydi, ammo unli bilan tugash holatlari keng tarqalgan: ik-**ki**, yet-**ti**, bo-**la**, ar-**pa**, bol-**ta** kabi;

g) leksema tarkibida ikki unli yonma-yon kelmaydi;

h) f, h undoshlari umuman qo'llanmaydi;

i) r, l, v, ng, g,(g'), d, z undoshlari leksema boshida uchramaydi;

j) e,o' unlilari leksema oxirida ishlatilmaydi (ayrim undov so'zlar bundan mustasno);

k) urg'u ko'pincha leksema oxiriga tushadi.

Semantik belgilari: umumturkiy leksemalarnig aksariyati ko'p ma'nolidir:

bosh – 1) «odamning boshi», 2) «ko'chaning boshi», 3) «ishning boshi», 4) «bosh agronom»; ko'z – 1) «odamning ko'zi», 2) «uzukning ko'zi», 3) «taxtaning ko'zi», 4) «derazaning ko'zi» kabi.

Bu qatlamda «qon-qarindoshlik», «inson a'zolari», «uy hayvonlari», «yovvoyi hayvonlar», «parrandalar», «mehnat faoliyati», «uy-ro'zg'or buyumlari», «rang-tus», «maza-ta'm», «miqdor», «sanoq», «harakat», «holat», «urf-odat» ma'noli leksemalar ko'pchilikni tashkil etadi.

Morfologik belgilari: a) umumturkiy leksemalar hozirgi o'zbek tilining barcha so'z turkumlarida uchraydi;

b) turlanadi va tuslanadi;

d) o'zak va affiks morfemalar erkin va standart bo'ladi: ko'zim, ko'zing, ko'zi, ko'zni, ko'zning, boraman, borasan, boramiz kabi;

e) leksema tarkibida prefikslar qo'llanilmaydi;

2. *O'zbek tilining o'z leksemalari* - o'zbek tilining o'zida yasalgan leksemalar. Ular o'z qatlamning ikkinchi

(nisbatan yangi) qismini tashkil qiladi. Bunday yasalish quyidagi usullar bilan amalga oshirilgan:

a) semantik usul bilan. Bunda ma'no taraqqiyoti yangi leksemaning yuzaga kelishiga olib kelgan: ko'k («rang») – ko'k («osmon»), yetti («son») - yetti («ma'raka nomi»), yupqa (sifat) – yupqa (ot: «ovqatning bir turi») kabi;

b) affiksatsiya usuli bilan. Bunda o'zak va affikslar turli til materiallari bo'lishi mumkin, ammo ularning qo'shilishi o'zbek tili tarkibida yuz beradi, o'zbek tilining leksema yasash qoliplariga asoslanadi, shu sababli bunday yasalma o'zbek tilining o'z qatlami birligi sanaladi. Masalan: bosh (umumturkiy)+ «-la» (o'zb.)>boshla (o'zb.), temir (umumturkiy)+ «-chilik» (o'zb.)>temirchilik (o'zb.), jang(f-t.)+«-chi» (o'zb.)>jangchi (o'zb.), madaniyat (ar.)+«-li» (o'zb.)>madaniyatli (o'zb.), obuna (rb.)+«-chi» (o'zb.)>obunachi (o'zb.) kabi.

O'zbek tilining o'z leksemalaridagi yasovchi asos arabcha yoki ruscha-baynalmilal bo'lganda, yasalmaing o'zagi yoki asosida ikki unli yonma-yon kelishi, leksema boshida ikki-uch undosh qatorlashishi mumkin: maorifchi, matbaachi, doirachi, saodatli, manfaatli, dramnavislik, drenajlanmoq, plakatbop, planbozlik. Bu hol hozirgi o'zbek tili lug'atining o'z qatlamida ham umumturkiy leksemalarga xos fonetik belgilardan farqli jihatlar paydo bo'lganligini ko'rsatadi.

O'zlashgan qatlam - o'zbek tili leksikasining boshqa tillardan o'zlashtirilgan leksemalardan iborat qismi. Masalan: maktab, oila (ar.), daraxt, gul (f-t.), axta, bahodir (mo'g'.), afandi (turk.), ravshan (sug'd.), traktor, avtobus (rus.) va boshqalarlar. Bu qismda arab, tojik-fors va rus tillaridan o'zlashtirilgan leksemalar ko'pchilikni tashkil qiladi.

1.Arab tilidan o'zlashtirilgan leksemalar. Bunday leksemalarning o'zlashtirilishi VIII asrdan boshlanib, IX-X asrlarda ancha faollashgan. Arab tilidan leksema o'zlashtirilishiga olib kelgan omillar ichida quyidagilar muhim rol o'ynagan:

a) arablar istilosi; b) islom dinining keng tarqalishi; d) arab yozuvining qo'llana boshlanganligi; e) madrasalarda arab tilining o'qitilishi; f) turkiy-arab ikki tilliligining (bilingvizmning) tarkib topganligi; g) olim-u fuzalolarning arab tilida ijod qilganligi va boshqalar.

Hozirgi o'zbe tili leksikasida arab tilidan o'zlashtirilgan leksemalarning ko'pchiligi ot, sifat va ravish turkumlariga mansubdir: otlar – adabiyot, axborot, avlod, ayol, maktab, maorif, ma'naviyat, hosil, hukumat, odam, haqiqat, intizom, inshoot va boshqalarlar; sifatlar – adabiy, ajnabiy, aziz, azim, ayyor, aqliy, badiiy va b.lar; ravishlar – avval, ba'zan, bil'aks, ta'ziman kabi. Bulardan tashqari, bog'lovchilar (balki, ammo, lekin, va, vaholonki), undovlar (ajabo, barakalla, salom, xayr), modal so'zlar (albatta, ehtimol, avvalo), yuklamalar (faqat, xuddi), ko'makchilar (binoan)ham o'zlashtirilgan.

Arab tilidan leksema va so'zlarning o'zlashtirilishi o'tmishda faol bo'lgan, hozir esa bu jarayon deyarli to'xtagan. Ayrim arabcha leksemalar hatto eskirib, istorizm yoki arxaizmlar qatoriga o'tib qolgan: adad (sanoq so'z), ajam (—arablardan boshqa xalqlar‖), akbar ("katta", "buyuk","ulkan"), alam (bayroq), bayoz

(—she'riy to'plam‖), sallox (—qassob), saloh (—to'grilik, —vijdonlilik), sanad (—hujjat).

Arab tilidan o'zlashtirilgan leksemalarning fonetik, semantik va morfemik tarkiblarida quyidagi xususiyatlar borligi ko'zga tashlanadi:

a) leksema tarkibida ikki unlilning yonma-yon qo'llanish hollari uchraydi: matbaa, mutolaa, saodat, oila, doir, rais kabi;

b) ra'no, da'vo, ta'na, e'lon, me'mor, ta'lim, e'tibor, mo'tabar kabi leksemalarda ayn tovushidan oldingi unli kuchli va biroz cho'ziq talaffuz etiladi;

d) jur'at, sur'at, bid'at, qal'a, san'at leksemalarida bo'g'inlar ayirib talaffuz qilinadi;

e) semantik jihatdan: ko'proq diniy, hissiy, axloqiy, ilmiy, ta'limiy va mavhum tushunchalar ifodalanadi: avliyo, aza, azon, vahiy, avrat, axloq, axloqiy, xulq, fikr, tafakkur kabi; ilmga, adabiyot va san'atga oid tushuncha nomlari ham keng tarqalgan: amal (matematikada hisob turi), rukn, vazn (adabiyotshunoslik atamalari), riyoziyot (—matematika‖), adabiyot, san'at, tibbiyot (fan va soha nomlari) kabi;

f) leksemalarning lug'aviy va grammatik shakllari flektiv xarakterda bo'lib, o'zbek tilida morfemalarga ajratilmaydi: ilm, muallim, olim, ulamo; fikr, tafakkur, mutafakkir kabi.

Arab tilidan o'zlashtirilgan lug'aviybirliklar orasida tarixan yasama bo'lgan leksemalar (adabiy, badiiy, g'olibiyat, voqeiy, voqean, oilaviy) ham bor. Bunday leksemalar bilan birga o'zlashtirilgan —-iy, —-viy, —-an affikslari o'zbek tilida so'z yasovchi affikslar darajasiga ko'tarilgan, natijada o'zbek tilida leksema yasash imkoniyatlari kengaygan. Hozirgi oʻzbek tilida shu affikslar vositasida yasalgan juda koʻp yangi leksemalar mavjud: texnikaviy, fizikaviy, tuban, turkiy kabi. Bulardan tashqari, arabcha leksik oʻzlashmalar oʻzbekcha yoki tojikcha leksemalar bilan ma'no munosabatiga kirishib, oʻzbek tilining sinonimik qatorlarini boyitgan: oʻrinbosar (oʻzb.) - muovin (a.), guvoh (f-t.) – shohid (a.), aniq (a.) – ravshan (soʻgʻd.) kabi.

2.Fors-tojik tillaridan oʻzlashtirlgan leksemalar. Bunday leksemalarning oʻzbek tiliga oʻzlashtirilishida quyidagi omillarning alohida roli bor:

a) oʻzbek va tojik xalqlarining qadimdan bir (yoki qoʻshni) territoriyada, bir xil ijtimoiy tuzum, iqtisodiy va madaniy-ma'naviy muhitda yashab kelayotganligi;

b) oʻzbek-tojik va tojik-oʻzbek ikki tilliligining (bilingvizmining) keng tarqalganligi;

d) tojik va fors tillarida ijod qilish an'analarining uzoq yillar davom etganligi;

e) Qoʻqon xonligi va Buxoro amirligida tojik tilining alohida mavqega ega boʻlganligi;

f) adabiyot, san'at, madaniyat, urf-odatdagi mushtaraklik.

Hozirgi oʻzbek tilida tojik-fors tillaridan oʻzlashtirilgan leksemalar orasida otlar (sartarosh, avra, avra-astar, bazm, barg, baxt, daraxt, daraxtzor, hunar, hunarmand), sifatlar (badboʻy, badjahl, baland, baravar, barvasta, bardam, barzangi, barra, baxtiyor, bachkana, ozoda, toza), ravishlar (bajonidil, banogoh, doʻstona, tez, bazoʻr, astoydil, chunon), bogʻlovchilar (chunki, yoki, agar, garchi, ham), undovlar (balli, dod), yuklamalar (xo'sh, xuddi), modal so'zlar (chunonchi, binobarin) uchraydi.

Fors-tojik tillaridan o'zlashtirilgan leksemalarda:
a) leksema oxirida undosh tovushlarning qatorlashib kelishi ancha keng tarqalgan: g'isht, go'sht, daraxt, karaxt, do'st, past, kaft, farzand kabi. (Umumturkiy leksemalarda bu holat kam uchraydi);

b) kuchsiz lablangan —o unlisi leksemaning barcha bo'g'inlarida qo'llanadi: ohang, nobud, bahor, obodon, peshona kabi.

Tojik-fors tillaridan o'zbek tiliga bir qator prefiks va suffikslar ham o'zlashgan: prefikslar – be-, ba-, no-, ham-, bar-, kam-, xush-; suffikslar- -kor, -zor, -xo'r, -parvar, -kash, -bop, -boz, -do'z, -namo, -paz, -furush kabi. Ular dastlab tojik-fors leksemalari tarkibida qo'llangan, keyinchalik o'zbek tilining so'z yasovchi affikslari qatoridan o'rin olib, yangi leksemalarning yasalishida ishtirok etgan, shu yo'l bilan o'zbek tili leksikasini yanada boyitgan. Masalan: badavlat, beayov, bebosh, beboshlik, nosog', noto'g'ri, hamyotoq, hamkurs, hamyurt, barkamol, kamsuv, kamsuvlik, kamsuqum, kamsuqumlik, xushbichim, xushyoqmas, o'rikzor, olmazor, to'qayzor, bug'doyzor, bug'doykor, nafaqaxo'r, tekinxo'r, adolatparvar, chizmakash, somsapaz, yubkabop, kostumbop, gruppaboz, buyruqboz, maxsido'z, telbanamo, ipakfurush kabi. Bulardan tashqari, tojik tilidan o'zlashgan xona, noma leksemalari o'zbek tilida affiksoid vazifasida qo'llanib, yilnoma, oynoma, ishxona, bosmaxona kabi yasama leksemalarning tarkib topishida ishtirok etgan.

Tojik tilidan o'zlashtirilgan leksemalarga o'zbek tilining so'z yasovchi qo'shimchalarini qo'shib leksema yasash hollari ham anchagina bor. Tojik tilidan leksema o'zlashtirilishi o'zbek tilining lug'at tizimida yangi sinonimik qatorlarni ham yuzaga keltirgan: qirov (o'zb.) – shabnam (toj.), yaproq (o'zb.) – barg (toj.), oltin (umumturkiy) – tilla (toj.), buloq (o'zb.) – chashma (toj.) kabi. Bunday holni antonimlar tizimida ham ko'ramiz: do'zax (f-t.) –jannat (ar.), yirik (o'zb.)-mayda (f-t.) kabi.

3. Ruscha-baynalmilal leksemalar - o'zbek tiliga rus tilidan va u orqali Yevropa tillaridan o'zlashtirilgan leksemalar: gazeta, jurnal, avtobus, trolleybus, teatr, roman, sujet, geometriya, fizika, matematika, traktor, kombayn, raketa, avtomat, armiya va boshqalar.

Rus tilidan leksema o'zlashtirilishiga ko'proq quyidagi omillar sabab bo'lgan:

a) Chor Rossiyasining imperialistik siyosati;

b) Sovet imperiyasida rus tilining millatlararo til mavqeiga ega bo'lishi, bu mavqening yildan yilga mustahkamlanib borishi;

c) o'zbek-rus ikki tilliligining tarkib topishi;

d) matbuot, radio, televideniyeda rus tiliga keng o'rin berilishi;

e) maktab-maorif tizimida, oliy o'quv yurtlarida rus tilining maxsus o'qitilishi;

f) ilm-fan terminologiyasining shakllantirilishida ruscha-baynalmilal atamalarga ko'proq tayanish;

g) ma'muriy-idoraviy ish qog'ozlarining asosan rus tilida yozilishi kabi.

Rus tilidan o'zlashtirilgan leksemalarning aksariyati ot va son turkumlariga mansubdir: institut, universitet, drama, zavod, fabrika (otlar), million, milliard, trillion(sonlar), gramm, kilogramm, litr, millimetr, santimetr, kilometr, sekund, tonna kabi. Bu qatlamda kalka usulida o'zlashtirilgan sifatlar ham bor: simmetrichnыy>simmetrik, psixologicheskiy>psixologik, biologicheskiy>biologik kabi.

Semantik jihatdan ruscha-baynalmilal leksemalar orasida ishlab chiqarishga (zavod, fabrika, stanok), ilmfanga (sema, semema, nomema – tilshunoslikda; teorema, aksioma, romba, kvadrat – matematikada; spora, gameta, flora-botanikada; fauna, reptiliya - zoologiyada va b.lar); transportga (mashina, avtomobil, avtobus, poyezd, trolleybus, tramvay), san'atga (teatr, spektakl, rejissor, opera, drama), radio va televideniyega (radio, televizor, lampa, detal, videomagnitofon), harbiy tizimga (artilleriya, avtomat, tank, raketa, vzvod, rota, batalyon) oid leksemalar ko'pchilikni tashkil qiladi.

Fonetik jihatdan qaralganda ruscha-baynalmilal leksemalarda quyidagi belgi va xususiyatlar ko'zga tashlanadi:

a) so'z urg'usi erkindir: u leksemalarning turli (birinchi, ikkinchi va oxirgi) bo'g'inlarida bo'lishi mumkin: abajúr, avantúrra, proféssor, standárt, dráma kabi; b)urg'uli bo'g'indagi unli o'zbek tili leksemalarining urg'uli bo'g'inidagi unlidan cho'ziqroq talaffuz etiladi. Qiyos qiling: oltin (o'zb., umumturkiy) – karantin (r-

b), ovsin (o'zb.) – apelsin (r-b.), orzú (f-t.) – medúza (r.-b.) kabi; d) bir bo'g'inli leksemalarda unli tovush ruscha leksemalarda cho'ziqroq, o'zbekcha va tojikcha leksemalarda esa qisqaroq talaffuz qilinadi. Qiyos qiling:

biz(oʻzb.)-bis>bi:s (r.-b:—bisga chaqirmoq), tep (oʻzb.feʼl shakli) – temp(r.-b.), pul (ft<yun.) – puls (r-

c) ruscha o oʻzbekcha oʻ unlisidan kengroq va orqaroqda talaffuz qilinadi. Qiyos qiling: toʻn (oʻzb.)-ton (r-b.), toʻrt (oʻzb. < umumturkiy)-tort(r-b.) kabi; f) ruscha oʻzlashmalarning birinchi urg‿uli boʻgʻinidagi unli oʻzbek tili oʻz leksemalarining birinchi boʻgʻinidagi unlidan ancha choʻziq va kuchli talaffuz qilinadi (chunki oʻzbek tili leksemalarining birinchi boʻgʻini koʻpincha urgʻusiz boʻladi) Qiyos qiling: imlo (oʻzb.<ar.)-impuls(r-b.), indin(oʻzb.)-indeks(r-b.), etik(oʻzb.)-etik (—etikaga oid), ellik(oʻzb.)-ellips(r.b.) kabi.

Yuqoridagi kabi tafovutli belgi-xususiyatlar leksema tarkibidagi undoshlarda ham uchraydi. Xususan:

a) ruscha oʻzlashmalar tarkibida undoshlarning qattiqlik va yumshoqlik belgi-xususiyatlariga asoslangan talaffuz meʼyorlari oʻzbek tilida ham saqlanadi: ukol va parol (укол ва пароль), feodal va medal (феодал ва медаль), parad va naryad (парад ва наряд) kabi;

b) ruscha leksemalardagi lab-tish — "v" soʻz oxirida jarangsiz — "f" tarzida talaffuz qilinadi, oʻzbek tili leksemalarida esa lab-lab — "v" jarangsizlanmaydi. Qiyos qiling: nav (oʻzb. < f-t)-ustav>ustaf(r.-b.), birov(oʻzb.) aktiv>aktif (r.-b.) va boshqalar;

c) leksema va boʻgʻin boshida bir necha undoshning qatorlashib kelishi keng tarqalgan (umumturkiy leksemalarda bu hol uchramaydi): shkaf, tramvay, trolleybus kabi.

Morfologik belgilari: ruscha-baynalmilal leksemalarda prefiks + oʻzak (a+morf, de+duksiya), oʻzak + suffiks (Bronx +it, jurnal + ist), prefiks + oʻzak +suffiks (a+simmetr+iya) tarkibli leksemalar uchraydi. Ruschabaynalmilal leksemalar tarkibidagi affikslar oʻzbek tilida soʻz yasamaydi (mikrooʻgʻit, mikroiqlim, ultratovush kabi kalkalar bundan mustasno). Oʻzbekiston mustaqillikka erishgach, sobiq ittifoq tuzumiga xos bir qator ruschabaynalmilal leksemalar (raykom, partkom, gorkom, kolxoz kabilar) eskirib, oʻzbek tili leksikasining eskirgan lugʻaviy birliklari (istorizmlar) qatoriga oʻtib qoldi, ayni paytda yangi ijtimoiy-siyosiy tuzum taqozosi bilan hamda iqtisoddagi va taʼlimdagi islohotlar tufayli oʻzbek tili leksikasida yangi ruscha-baynalmilal oʻzlashmalar paydo boʻldi: investitsiya, marketing, minimarket, supermarket, test, reyting, litsey, kollej va boshqalar shular jumlasidandir.

Leksema oʻzlashtirish

Leksema oʻzlashtirish oʻzbek tili lugʻat tarkibining oʻzlashgan qatlamini shakllantiruvchi asosiy manbadir. Bunday oʻzlashtirish quyidagi yoʻllar bilan amalga oshiriladi:

1.Jonli soʻzlashuv orqali. Bunda boshqa til leksemalari oʻzbek tiliga mahalliy aholining ogʻzaki nutqi orqali oʻtadi. Masalan, ruscha rami(рамы), klubnika, podnos leksemalari oʻzbek tilining jonli soʻzlashuvida rom, qulubnay va patnis deb talaffuz qilingan, keyinchalik oʻzbek adabiy tiliga ham shu shaklda oʻzlashgan.

2.Bosma manbalar orqali. Bunda boshqa tillardagi matnlarning oʻzbek tiliga oʻgirilgan nusxalarini matbuotda chop etish yoki oʻzbek tilida yozilgan maqolalarda, ilmiy va badiiy asarlarda boshqa til leksemalarini (ayniqsa, termin va atamalarni) ishlatish orqali boʻladigan oʻzlashtirish nazarda tutiladi. Matematikadagi katet, gipotenuza, adabiyotshunoslikdagi kulminatsiya, sujet kabi terminlar, ocherk, roman, povest kabi leksemalar shu yoʻl bilan oʻzlashtirilgan.

Leksema oʻzlashtirish usullari ham ikki xil boʻladi:
1.Oʻzicha olish. Bunda boshqa tildan oʻzlashtirilayotgan leksema hech qanday oʻzgarishsiz yoki ayrim (juz'iy) fonetik oʻzgarishlar bilan olinadi. Mas., gʻoʻza(f-t.), gul(f-t.), poya(f-t), kaptar(<f-t:kabutar); balo(ar.), bil'aks(ar.), davlat(ar.), muallim(<ar.muaʻllimun); direktor (r-b.), rektor(r-b.), institut(r-b.), metro(r-b.), choʻt(<rus.счеты), choʻtka(<rus.щетка) kabi.

2. Kalkalab olish. Bunda boshqa tildagi (mas., rus tilidagi) leksemaning morfemik tarkibidan qismma-qism nusxa olish orqali oʻzbekcha leksema yasaladi va shu leksema bilan boshqa til (mas., rus tili) leksemasining ma'nosi ifodalanadi.

Kalkalashning bu turi toʻliq kalka sanaladi, chunki unda boshqa til leksemasining ifoda materiali oʻzbek tili materiali bilan toʻliq almashtirilgandir. Ba'zan boshqa til leksemasining bir qismi oʻzgarishsiz olinadi, qolgan qismi esa oʻzbek tili materiali bilan almashtiriladi. Qiyos qiling: mikrooʻgʻit<rus. микроудобрение, ultratovush <rus. ультразвук, rekoкdli<rus. рекордный, meshchanlik<rus. мещанство kabi. Kalkalashning bu turi yarim kalka hisoblanadi.

Toʻliq va yarim kalkalar leksema oʻzlashtirilishining grammatik usuli deb ham qaraladi, chunki bunday oʻzlashtirish boshqa til leksemalarining ma'noli qismlaridan nusxa koʻchirilishiga asoslanadi. Ammo tilda ba'zan yangi leksema yasalmay, azaldan mavjud boʻlgan birorta leksemaga boshqa til leksemasining birorta ma'nosini —yuklash,— singdirish orqali ham ma'no o'zlashtirilishi ta'minlanadi. O'zlashtirishning bu turi semantik kalka sanaladi. Masalan, **til** leksemasi "so'zlashuv quroli" nomi sifatida ruscha язык leksemasiga ekvivalentdir. Ayni shu holat rus tilidagi язык leksemasining —asir ma'nosini o'zbektilidagi **til** leksemasi bilan ifodalashga turtki bo'ladi.

O'zbek tilidagi **o'zak** leksemasida —so'zning "o'zagi" ma'nosining paydo bo'lganligi ham ruscha корень leksemasining — корень слово ma'nosiga asoslangandir.

Leksema o'zlashtirishni boshqa til leksemasini noo'rin qo'llashdan farqlash kerak. Leksema yoki ma'no o'zlashtirilishi muayyan til leksikasini boyituvchi qonuniy hodisadir, chunki bir til boshqa tildan o'zi uchun zarur bo'lgan leksik-semantik birliklarni o'zlashtiradi. Boshqa til leksemalarini noo'rin ishlatish hodisasi esa g'ayri qonuniydir, chunki o'zbek tilining o'zida biror leksema mavjud bo'lgani holda, uning o'rnida boshqa til leksemasini ehtiyojsiz, maqsadsiz qo'llash tilni boyitmaydi, aksincha, ayrim shaxslarning o'z nutqiga e'tiborsiz qarashinigina aks ettiradi.

I.3-§. Tilshunoslikda eskirgan so'zlarning kelib chiqishi va ularning qiyosiy tahlili

Tilshunoslik o'z ichiga juda ko'p sohalarni qamrab olgan. Bu sohalarni o'rganish davomida biz albatta eskirgan so'zlarga duch kelamiz. Negaki, tilshunoslik juda keng ma'noda o'rganilib, uning har bir sohasi bir-biriga chambarchas bog'liq. Shuning uchun ham eskirgan so'zlarning tilshunoslikda ahamiyati juda katta. Eskirgan so'zlar bu turli xil sabablarga ko'ra hozirgi kunda nutqda qo'llanilmaydigan so'zlarning maxsus guruhi hisoblanadi. Bu so'zlarga qadimda qo'llanilgan lekin hozirda umuman qo'llanilmaydigan so'zlar kiradi. Biz bu so'zlarni ularning sinonimlari orqali tushunishimiz va foydalanishimiz mumkin bo'ladi.

Lekin, hozirgi kunda ba'zi bir eskirgan so'zlarning o'rnini bosuvchi sinonimlari yo'q va biz ularga hech qanday ehtiyoj ham sezmaymiz. Ular tarixiy so'zlar deb atalib, turli xil tarixiy manbalarda qo'llaniladi xolos. Masalan: jallod, yasovul, ellikboshi, qamal va boshqalar. Bilamizki, hozirda ushbu so'zlardan deyarli og'zaki nutqda ham, yozma nutqda ham foydalanmaymiz. Lekin biz biror bir tarixiy jarayon haqida gapirmoqchi bo'lganimizda yoki biror bir tarixga oid asarni tahlil qilganimizda, undagi voqealikni tasvirlash uchun biz bu so'zlardan foydalanishimiz mumkin bo'ladi. Biz bunday tarixiy so'zlarni ko'proq Navoiy, Lutfiy, Bobur va boshqa tarixiy siymolar asarlarida va shuningdek, Tolstoy, Dostoyevskiy va Mayakovskiy asarlarida uchratishimiz mumkin.

Biz bularni to'gri tushunishimiz uchun lug'atlarga murojat qilib, ularning ma'nosini bilib olishimiz kerak. Bu esa bizga biroz qiyinchilik tug'dirishi mumkin, albatta. Shuning uchun ham bizning kitob tarjimonlarimiz bu muammoga kamroq duch kelishimiz uchun o'zlari bu sozlarning ma'nolarini tayyor qilib matnning past qismiga joylashtirib qo'yishyapti. Bu esa kitobxonga o'qiyotgan kitobining mavzusini yana ham atroflicha tushunishga yordam beradi. Masalan, Pirimqul Qodirovning "Yulduzli tunlar" romanini o'qiganimizda juda ham ko'p tarixiy so'zlarga duch kelamiz. Lekin ayrim kitobxonlar bu kitobni tushunishga qiynaladi. Chunki yuqorida ta'kidlanganidek, kitobda biz bilmagan tarixiy so'zlar o'zining ma'nosi bilan birgalikda berilgan.

Ayni paytda, "Yulduzli Tunlar" romanida tarixiy so'zlar etimologiyasi"ni o'rganadigan bo'lsak, ushbu maqolada asardagi tarixiy so'zlarga misollar keltirilgan. Masalan, yog'iy – yov, raqib, dushman degan ma'nolarni anglatib, asarda ham huddi shu ma'nolarda qo'llanilgan.

Tarh – arabchadan olingan bo'lib qurilish, imorat, bog'ning bichimi, loyihasi degan ma'nolarni anglatadi. Asarda ham qurilish uchun tayyorlangan bino ma'nosida qo'llanilgan. Yana shunga o'xshash tarixiy so'zlar ushbu asarda juda ham ko'p. Shuningdek, kitobning yana bir ijobiy tomoni tarixiy shaxslarga ham qisqacha ta'rif berilib ketganidir. Chunki biz har bir tarixiy shaxsni ham taniyvermaymiz. Shu kabi asarlar yana talaygina topiladi. Lekin bu degani biz tarixiy so'zlarni bemalol qo'llay olamiz degani emas. Ularni faqat ma'lum bir maqsad doirasida va tarixiy voqealik haqida gapirganimizda foydlanamiz.

Eskirgan so'zlarning yana bir katta tarmog'i bu arxaizmlardir. Ular istorizmlarning kichik bir guruhi bo'lib, tarixiy so'zlarga biroz o'xshab ketadi. Arxaizmlarning tarixiy so'zlardan farqi shundaki, bu so'zlarni ularning sinonimlari bilan almashtirish mumkin. Masalan, bart-botir, bitik-kitob, ochun-dunyo, al-qo'l, raimem-yelkalar, tuga-qayg'u, paguma-o'lim va boshqalar. Yana biz arxaizmlarga misol qilib, ko'pincha, Aleksandr Sergeyevich Pushkinning ijodini olishimiz mumkin. Uning ijodidagi juda ko'p asarlarda biz arxaik so'zlarga duch kelamiz. Masalan, Pushkinning ko'pchiligimiz biladigan va maktab darsliklarida ham o'qigan asarimiz, mashhur "Kapitan qizi" asarida bunday so'zlarni juda ko'p uchratamiz: "Qayerda passport?, "Men hech qachon unutolmaydigan tush ko'rdim va tushimda hali ham bashoratli narsani ko'raman.

Menimcha(=solishtiring) u bilan hayotimning g'alati holatlarini"; O'shanda men shunday tuyg'u va uhiy holatda edim. Moddiylik(=haqiqat), orzularga bo'ysunib, birinchi tushning noaniq vahiylarida ular bilan birlashadi"; "Maslahatchi(=konduktor) mina sezilarli darajada miltilladi..."; To'g'ri bu misollarni tushunish boshida biroz qiyin bo'lishi mumkin. Lekin qayta o'qilganda biz so'zlarning qavs ichidagi ma'nolari hozirgi tilimizga mos tushishini ko'rishimiz mumkin. Shuningdek, arxaizmlarni qo'llashda ehtiyot bo'lishimiz kerak. Buning uchun bizga tushuntirish lug'ati va eskirgan so'zlar lug'ati kerak bo'ladi. Umuman olganda biz tarixiy so'zlardan ko'ra arxaizmlardan juda ko'p foydalanamiz. Chunki bizda tarixiy so'zlarga bo'lgan extiyoj deyarli yo'q. Arxaizmlarni esa biz ularning sinonimlari orqali jamiyatda juda kop foydalanamiz. Yana, shuningdek, arxaizmlarni tushunish tarixiy sozlardan ko'ra biroz osonroq. O.S. Axmanova arxaizmga quyidagi ta'riflarni beradi:

"1. Kundalik foydalanishdan chiqib ketgan va shuning uchun eskirgan deb qabul qilingan so'z yoki ibora: rus haykaltaroshi, beva, beva, shifo, behuda, behuda, qadimdan ochko'zlik, tuhmat, qo'zg'atish.

2. Qadimgi so'z yoki iborani tarixiy svilizatsiya maqsadida qo'llash, nutqqa yuksak stilistik rang berish, kulgili effektga erishish va hokazolardan iborat bo'lgan".

Lekin arxaizmlarni biz hozirgi zamonga qanday mos kelishiga qarab bir necha turlarga ajratamiz. Bunda biz L.I. Rahmonova va V.N. Suzdaltsevalarning "Arxaizmlar tipologiyasi"ni asos qilib olishimiz mumkin. Ular leksik-fonetik, leksik-hosilaviy, semantik, frazeologik va gramatik arxaizmlardir. Bu turlarga koʻra biz qaysi soʻzga qanday ma'no qoʻllashimiz kerak va qaysi soʻzning sinonimi qaysi soʻzga tushadi degan savollarga javob olishimiz mumkin. Arxaizmlar mana shu turlar boʻyicha tahlil qilinadi va farqlanadi.

Arxaizmlarning katta bir guruhi – istorizmlar deb ataladi. Istorizmlar leksik, semantik, frazeologik xarakterga ega boʻladi. Eskirib iste'moldan chiqqan, oʻz sinonimiga ega boʻlmagan soʻzlarga leksik istorizmlar deyiladi: omoch, choʻri, yuzboshi kabi. Soʻz ma'nosi anglatgan narsa, voqea, hodisalar eskirmay, uning ma'nosida yangilanish yuz berib, oldingi ma'nosi iste'moldan chiqsa, semantik istorizm deyiladi. Masalan, arbob – aristocrat, arbob – fan arbobi; saroy – podsho qarorgohi, saroy – san'at saroyi; vazir – podshoning oʻrinbosari, vazir – ministr; rais – shayxlar rahnamosi, rais – jamoa xoʻjaligi boshligʻi kabi.

Eskirib iste'moldan chiqqan, oʻz ekvivalentiga ega boʻlmagan iboralarga frazeologik istorizmlar deyiladi. Masalan, madrasa tuprogʻini yalamoq, tarki dunyo qilmoq holatlari hayotda mavjud boʻlmasa ham, ularning ifodasi tarixiylik sifatida saqlanib qolgan.

Eskirgan soʻzlar haqida gap borganda biz alabatta uning har tomonlama biz uchun qanchalik muhim ekanligini bilishga harakat qilamiz. Eskirgan soʻzlar bu bizni tarix bilan boglab, bizni yanada tarixga yaqinroq qiladi va bizni izlanishdan to'xtamaslikka undaydi. Shuningdek har bir tilning eskirgan so'zlari bor. Ular o'sha tilning qay darajada boy bo'lganini va qay darajada taraqqiy topganini ko'rsatib beradi. Bunday so'zlar, biz bilgan ingliz tilida ham rus tilida ham o'zbek tilida ham mavjud. Ayniqsa, rus tili biz uchun ikkinchi til hisoblangani uchun bizdagi eskirgan so'zlar ham rus tilidagi so'zlarga o'xshab ketadi. Lekin asli rus tilining o'z eskirgan so'zlari bor. Masalan, "«Балакать» - bu so'zning ma'nosi rus tilidagi «говорить» so'ziga to'g'ri keladi ya'ni "gapirmoq" degani o'zbek tilida. «Благость» - bu so'z «доброта» so'zining sinonimi hisoblanib "yaxshilik" degan ma'noni anglatadi. «Купно» - rus tilida bu so'z «вместе» so'ziga sinonim bo'lib keladi va o'zbek tilida "birgalashib", "birgalikda" degan ma'nolarni beradi. «Абы» - ushbu so'z «чтобы, дабы» degan ma'nolarni anglatadi. Bu esa "uchun" tarjimasini beradi. «Льзя» - rus tilida bu so'zga «можно» so'zini sinonim qilib olishimiz mumkin va buning tarjimasi "mumkin" bo'ladi.

Hammamiz bilgan «мне» so'zi oldin «ми» tarzida foydalanilgan ya'ni u "meni, menga" degan tarjimani bergan. «Мнить» so'zi esa «думать, считать» so'zlariga to'g'ri kelgan va "o'ylamoq, hisoblamoq" degan ma'nolarni anglatgan. «Несть» - ushbu so'zni rus tilidagi «нет» so'ziga, o'zbek tilidagi "yo'q" so'ziga to'g'irlasak bo'ladi. Shunda maqsadga muvofiq bo'ladi. Yana «Яства» so'zining «еда, кушанья» kabi sinonimlari bo'lib bular o'zbek tilida "ovqat, yegulik" degan ma'nolarni anglatadi". Shu va shu kabi so'zlarni biz juda ko'p joylarda uchratishimiz mumkin. Asosan, rus adabiyotchilarining asarlarida bunday so'zlar talaygina topiladi, albatta. Faqat biz bu so'zlarning hozirgi tildagi sinonimlarini bilib, ma'nolarini tushuna olsak kifoya. Yuqorida ta'kidlaganimdek, bunda bizga lug'atlar yordamga keladi. Ingliz tilidagi eskirgan so'zlar ko'pincha rasmiy holda bo'lgan. Lekin hozir ular muomalada va yozma ishlarda kamdan-kam yoki deyarli foydalanilmaydi. Bularga misol qilib quyidagi so'zlarni olishimiz mumkin: "Gay"- ushbu so'zning hozirgi kundagi ma'nosini tarjima qiladigan bo'lsak, u qisqa qilib aytganda erkak kishini bildiradi, lekin u bir vaqtlar "happy" so'zining sinonimi sifatida ishlatilgan. "Betwixt"- bu so'z "orasida" degan ma'noni anglatib, "between" so'zi bu so'zga sinonim bo'la oladi. "Dame" – XX asrning 1-yarmida bu so'z "ayol" kishi uchun sinonim sifatida foydalanilgan. "tis" – bu so'z hozirgi ingliz tilidagi "It is" ning qisqartirilgan shakli hisoblangan. "Yea" - "yes" bu so'zdan biz foydalanamizku deyishingiz mumkin, albatta. Lekin bu arxaik so'z hisoblanadi va hozirgi kunda ma'lum bir maqsad uchun rasmiy tillarda foydalaniladi. Yana shunga o'xshab rasmiy tilda foydalaniladigan bir so'z bor. Bu "Nay" so'zi bo'lib, uning ma'nosi hozirgi "no" so'ziga to'g'ri keladi. "Cordwainer" – ushbu so'z poybzal yasovchi usta ma'nosini beradi. "Wench" – yosh qiz yoki ayol so'zining ma'nodoshi sifatida ishlatilgan.

Biz doimo gramatikada ham og'zaki nutqda ham foydalanadigan "said" so'ziga sinonim bolgan eskirgan so'z bu – "quoth" so'zidir. Bu so'z biroz hazilomuz so'z sifatida ham talqin qilinadi. "Carl" – qadimda bu so'z quyiroq tabaqa kishilariga nisbatan ishlatilgan"8. Ingliz tilida ham xuddi rus tilidagi kabi bundan tashqari eskirgan so'zlar qatori juda ham katta. Bu yerda faqat oddiy, hammamiz biladigan so'zlarni misol qilib ko'rsatdik, xolos. Agar biz yana ham ko'proq eskirgan so'zlarni bilishni istasak, turli xil davrga oid manbalarga va tarixiy asarlarga murojaat qilishimiz mumkin. Shunda biz bunday so'zlarga duch kelishimiz ehtimoli ko'proq. Chunki, aslida, eskirgan so'zlar ma'lum bir tarixiy davr uchun xos bo'lgan va hozirgi kunda iste'moldan chiqib ketgan so'zlardir.

O'zbek tilida ham eskirgan so'zlar juda ko'p. Hozir ularning ba'zilarini ko'rib chiqamiz va tahlil qilamiz. Bilamizki, ba'zi so'zlar chet tillaridan kirgan so'zlar bo'lib, ularni tushunish biroz qiyin bo'ladi. Chunki o'zimizning davlat tilimizga o'tishimizdan oldin bu so'zlar bizga singib ketgan edi. Keyinchalik esa bizga yangi so'zlar kirib kelganligi tufayli eski so'zlarga ehtiyoj qolmagan. Masalan, "Arie" – "darhol, beri" degan ma'nolarni anglatadi. "Anbar" – "ombor" ya'ni bu non yoki mahsulotni saqlash uchun tuzilma ma'nosida kelgan. "Qadrsiz" – muammo, og'ir sinov, vaqt, shuningdek, aniq bo'lmagan va harakatlanuvchi qo'llab-quvvatlash nuqtasi bo'lgan. Oziq-ovqat vaqti, shuningdek, oziq-ovqat, ovqatning bir qismini anglatuvchi so'z bu – "Shirin" deb atalar ekan. "Soqchilar" bu so'zni hammamiz eshitganmiz, albatta, tarixiy asarlarda va tarixiy kinolarda. Ushbu so'zning ma'nosi "tanlangan imtiyozli qo'shinlar; Suverenlik yoki qo'mondonlik uchun xavfsizlik sifatida xizmat qiladigan harbiy qismlar". "Geenna" bu "do'zax" ma`nosida kelsa, "Golome" – "ochiq dengiz" ma'nosini beradi. "Delinkka" – doimiy ravishda band bo'lgan, hunarmandchilik. "Armaniston" – sukon yoki jun matodan erkaklar tashqi kiyimi. "Ababa" – "bu tartibda" degan ma'noni anglatgan. Ko'rib turganingizdek, o'zbek tili juda ham boy til. Tarixga qancha ko'p nazar tashlasak, shuncha ko'p yana biz bilmagan ma'lumotlar kelib chiqadi. Ayniqsa, tilshunoslik o'zining keng qamrovli sohalarida bir qancha ma'lumotlarga ega va ularni sanab sanog'iga yeta olmaymiz. Shuning uchun ham insonlar faqatgina o'zlariga kerakli ma'lumotlarnigina o'rganishadi, xolos. Eskirgan so'z terminiga keladigan bo'lsak, uning ahamiyati hozirgi kunga kelib juda ham muhim bo'lib kelmoqda. Eskirgan lug'at esa xalq tarixi haqidagi bilimlarni shakllantirish, uni milliy kelib chiqishi bilan tanishtirish uchun qimmatli materialdir. Bu bizni tarix bilan bog'laydigan aniq iplardir. Uni o'rganish ajdodlarning tarixiy, ijtimoiy, iqtisodiy faoliyati haqidagi ma'lumotlarni qayta tiklash, xalqning turmush tarzi haqida bilim olishga imkon beradi. Eskirgan so'zlar – bu nutqni diversifikatsiya qilish, unga hissiyot qo'shish, muallifning voqealikka munosabatini ifodalash imkonini beruvchi vositadir.

II. BOB. ARXAIK LEKSIKA

II.1-§. Arxaizmlarning paydo bo'lish tarixi

Bunday eskirgan so'zlar vaqt o'tishi bilan har qanday lug'atning o'zgarishi, rivojlanishi va boshqa tillar bilan assimilyatsiya qilinishi tufayli paydo bo'lgan. Shunday qilib, ba'zi so'zlar boshqalar bilan almashtiriladi, lekin bir xil ma'noga ega. Bu so'z boyligining o'ziga xos bo'lgan, lekin tildan butunlay yo'qolmagan qismidir. Bu so'zlar adabiyotlarda, hujjatlarda va hokazolarda saqlanib qolgan. Yaratilish uchun ular tasvirlangan davrning ta'mini qayta tiklashingiz uchun mutlaqo zarurdir.

Arxaizm eskirgan so'z tiplaridan biri bo'lib, zamonaviy narsa va hodisalarning eskirib qolgan nomlaridir. Istorizmda predmet yoki hodisaning o'zi ham, nomi ham eskirgan bo'ladi, arxaizmda esa predmet yoki hodisa zamonaviy bo'lib, uning o'tmish iomi yoki nomlaridan biri iste'moldan chiqadi, eskiradi. Natijada predmet yoki hodisa hozirda yangi, boshqa nom bilan yuritilayotgan bo'ladi. Shu uchun predmetning eskirgan nomi uning yangi nomi oldida qandaydir notabiiyroq tuyuladi. Mana shu notabiiylik arxaik leksikaning normativ (odatiy) leksikaga nisbatan olimganda qandaydir eskilik, eskirganlik ottenkasiga ega bo'lishini ko'rsatadi.

Arxaik so'zlar ehtiyoj talabiga ko'ra, zamonaviy-sinxronik nutq (tekst)larda ishlatiluvchi, ammo zamonaviy normaga kiruvchi so'zlardir.

Mana shu funksiyasiga ko'ra arxaizm tamoman unutilgan o'lik so'zlardan farqlanadi. O'lik so'zlar funksional-normativ jihatdan tamoman eskirgan so'z tiplaridir. Ularni o'tmish yoki uzoq o'tmish davr tili namunalarida uchratish mumkin. Ulik leksika adabiy tilning zamonaviy normasi nuqtai nazaridan tamoman unutilgan so'zlardir. Shu tufayli bunday so'zlarning ma'no va funksiyalari ko'p holda maxsus izohlar va etimologik kuzatishlarsiz noaniq va tushunarsiz bo'ladi. Masalan, Alisher Navoiyning tubandagi misralarida o'lik so'z namunalari mavjud:

Bir yondin ulug' g'amu shikanji,
Bir yondin abushqa dardu ranji.

("Layli va Majnun")
Munosib etmas toz boshig'a toj,
Tumog'a nutuqiga ne ehtiyoj.

("Saddi Iskandariy")
Keltirilgan misralardagi ishkanj—azob, qiynoq; abushqa— er, qari, kishi; tumog'a—qo'lga o'rgatib olingunicha qush boshiga kiydirib qo'yiladigan qayish tumoq; nutuqchi — qushning bir turi so'zlari hozirgi o'zbek tili lug'at tarkibi uchun o'lik leksemalardir.

Arxaizmning eskirganligi bu tip so'zlarning zamonaviy nutqda qo'llanish darajasi, narsa va hodisalar nomi sifatidagi holatiga ko'ra belgilanadi. Bunda indivpidual, juz'iy nutq faktlari emas, ommaviy nutq, so'zning ommaviy qo'llanish holati hisobga olinadi. Mana shu nuqtai nazardan baholangapda arxaik so'zlar noaktiv so'zlar, aktiv lug'at fondidan passiv lug'at fondiga o'tib, eskirgan leksemalardir. Demak, arxaizm til passiv lug'at fopdi mulkidir.

Narsa yoki hodisaning o'zi emas, balki nomi eskirganligi va predmetning hozirda boshqa bir zamonaviy nomga egaligi, uning hozirda boshqacha atalayotganligini ko'rsatadi. Masalan: yo'qsul (eskirgan nomi) — proletariat (funksional nom), firqa (eskirgan nom) — partiya (funksional nom), muhandis (eskirgan nom) — injener (funksional nom), kashshof (eskirgan nom) — pioner (funksioial nom) kabi. Demak, arxaik so'z predmet yoki hodisaning qo'sh nomidan biri, finksional jihatdan eskirgan nomidir. Agarda istorizmlar o'tmish davr predmet yoki hodisalarining birdan bir nomi bo'lsa, arxaizm zamonaviy, ya'ni hozirda ham ishlatiluvchi predmet yoki hodisaning nomlaridan biridir. Demak, predmet yoki tushuncha ikki xil — ham tarixiy (arxaik), ham zamonaviy nomga ega bo'ladi. Bu xususiyat har qanday arxaik so'zning zamonaviy sinonimi, dubleti borligini ko'rsatadi.

Arxaizmniig zamonaviy dubleti (sinonimn) bu so'z ustidan funksional-normativ jihatdan g'olib chiqqan so'zdir. Arxaizm istorizmdan til aktiv lug'at tarkibida zamonaviy dubleti (sinonimi) bo'lishi bilan ham farq qiladi.

Arxaizmning o'rni bilan zamonaviy nutqda qo'llanishi uni normativ, odatiy leksika bilan yaqinlashtiradi. Uni zamonaviy lug'atga xos qilib turadi. Bu jihatdan arxaizm normativ, ya'ni zamonaviy (aktual) leksikaga zamondosh bo'ladi.

Predmet va hodisaning zamonaviy (funksional) nomi uning eskirgan (nofunksional) nomini doimo inkor qiladi, unga normativ jihatdan yoʻl bermaslikka intiladi. Bu oldingi (arxaik) nomning funksional jihatdan passiv lugʻat tarkibida qolib ketishiga, odatiy normadan chiqishiga sababchi omildir. Shunday qilib, arxaik leksika predmet va hodisaning amaldagi nomiga nisbatan eskirgan, eskilik boʻyogʻiga ega boʻlgan soʻzlar qatlamidir.

Tilda eskirish turli koʻrinishda namoyon boʻladi. Soʻz yoki soʻz ma'nolaridan biri eskiradi. Yoxud eskirgan boʻlak butun soʻz emas, balki uning morfematik tarkibiga taalluqli boʻlishi ham mumkin. Bunda ba'zi soʻz yasovchi yoki forma yasovchi qoʻshimchalar faoliyati passivlashgan, toʻxtagan boʻladi. Shuningdek ba'zi soʻzlarnnng imloviy yoki talaffuz shakllariniig eskirishi ham kuzatiladi. Xuddi shuningdek tilda turgʻun iboralar — frazeologik birliklarning ham eskirishi mavjud va boshqalar.

Eskirish soʻzning butun tarkibida emas, balki uning morfematik qismida yuz berishi mumkin. Bunday eskirish grammatik arxaizmni tugʻdiradi. Soʻz tarkibida hozirda funksional boʻlmagan, tilning oʻtmish davriga xos boʻlgan soʻz yasovchi yoki soʻz oʻzgartuvchi qoʻshimcha boʻladi. Masalan: Nahot bu borada qilgan mehnatim zoye ketdi, deb oʻylaysen (Odil Yoqubov). Kelgusi avlod tarixga qarab hukm yuritadur, ustod! — dedi. Tarixni esa ilm ahli bitadur... Bunga shubha qilmagaysiz, ustod! (Odil Yoqubov). Puxta oʻyladingmu? Keyin pushaymon chekmaysanmu? (Odil Yoqubov). — Qani ortimdan yur, senga aytadurgan bir soʻzim bor! (Odil Yoqubov). Grammatik arxaizm soʻzga, ya'ni soʻz tarkibiga aloqador bo'lgani uchun leksik-grammatik arxaizm deb ham ataladi.

Arxaizm va istorizmni o'zaro yaqinlashtiruvchi, ularni bir tushuncha atrofida birlashtiruvchi asosiy belgi har ikkalasining eskirgan, nonormativ leksika ekanidir. Shu tufayli istorizm va arxaizm eskirgan so'z sifatida tilning passiv qatlamidan o'rin oladi.

Arxaizm o'zi atagan narsa yoki tushuncha hayotda saqlangani holda o'rnini boshqa lug'aviy birlikka bo'shatib bergan lug'aviy birlikdir. U ko'prok so'z doirasida kechadi. Masalan, tibbiyotda qo'llanuvchi *jig* so'zini o'zbek tili leksikasidan asab so'zi surib chiqardi va u ifodalagan ma'noni ifodalash vazifasini oldi. XX asrning 30- yillaridan boshlab nerv so'zi uning ma'nosini anglatishga o'tdi. Chunki nerv so'zi bilan bog'liq bir qator kasallik va kasb nomini bildiruvchi terminlar bo'lganligi va ularni asab termini orqali yasamalar tuzib ifodalash imkoni yo'qligi bunga sababdir. Shunga o'xshash yana sarf va nahv terminlari morfologiya va sintaksis terminlari bilan almashishi ham arxaizmni yuzaga keltirdi.

O'zbek tilida ibora arxaizmlar ham mavjud. Masalan, *qaddi dol bo'ldi* iborasi o'rnida hozir *qaddi obkash bo'ldi* iborasi qo'llanayapti va ular «engashib qoldi» ma'nosini beradi. Avvalgi ibora arxaiklashishi uchun arab yozuvidagi dol harfining tushuncha doirasidan chiqib ketishi sababdir.

Arxaizm har bir davr uchun o'ziga xos bo'ladi. Hozirgi davrda faol qo'llanayotgan lug'aviy birlik bir-ikki o'n yillikdan keyin arxaizmga aylanib qolishi mumkin. Masalan, shu asrning 30-yillari uchun o'z arxaizmlari va 90-yillarning o'z arxaizmlari bor. Ular umumiy holda arxaizm guruhini toʻldirishi ham, avvalgisi keyin faollashib ketishi ham extimol. Masalan, 30-yillarda vazir soʻzi arxaizm edi, 90-yillarda esa faol leksikaga aylandi.

II.2-§. Arxaizmning turlari va guruhlanishi tavsifi

Arxaizmlarning turlari. Adabiyotdagi arxaizmlar va ijtimoiy faoliyat odamlar turlarga boʻlinadi. Tilni, uning tarixiy rivojlanishini chuqurroq tushunish uchun. Asoslangan roman yoʻq tarixiy voqealar, eskirgan soʻzlarni eslatmasdan qilolmaydi.

1. Semantik arxaizmlar

Ilgari boshqacha ma'noga ega boʻlgan soʻzlar, ammo zamonaviy tilda ular yangi ma'noga ega. Biz "uy-joy" soʻzini inson yashaydigan koʻchmas mulkning bir turi deb tushunamiz. Ammo ilgari bu soʻz boshqa ma'noga ega edi: *u oʻzini juda yomon his qiladi, xuddi beshinchi uyga ketayotgandek*; (uy-joy - qavat).

2. Fonetik arxaizmlar

Ular zamonaviylardan bir yoki ikkita harf bilan farq qiladi, hatto imlo ham oʻxshash boʻlishi mumkin, goʻyo bitta harf olib tashlangan yoki qoʻshilgan. Bu hatto xatodek tuyulishi mumkin, ammo bu eskirgan ifoda. Masalan: shoir - piit, otash - olov, insofsiz - nomussiz.

3. Soʻz yasash

Eskirganlik faqat soʻzning bir qismida va odatda qoʻshimchada uchraydi. Tushunish uchun ma'noni taxmin qilish oson, lekin qaysi harflar almashtirilgan, olib tashlangan yoki qoʻshilganligini allaqachon bilsangiz, arxaizmlarni tanib olish odatiy holdir.

• Kauchuk toʻp poldan sakraydi (rezina - kauchuk).
• Qanday chiroyli qalam chizilgan (qalam - qalam).

• Butun tomoshabinlar bir-biri bilan raqobatlashib, turli xil iboralarni (raqobat - raqobat) qichqirdilar.
• Bu asabiy odam shunchaki dahshatli (asabiy - asabiy).

4. Frazeologik

Ushbu turdagi arxaizm haqida gapirganda, biz butun so'zlarni, o'zgaruvchan iboralarni, ilgari ishlatilgan so'zlarning maxsus qadimiy birikmasini tushunamiz. To'plam ifodalariga misollar: *Men ferma sotib olaman; sharbatli kichkina xotini koka ulug'vorlik bilan pul ishlaydi; kimga qo'yish kerak.*

5. Grammatika

Bunday so'zlar zamonaviy nutqda qoldi, lekin ularning jinsi o'zgardi. Masalan, tul, qahva. Bizning kofemiz erkaklarnikidir, lekin ular o'rtasini qilishni xohlashadi. Tul so'zi erkaklarga xosdir, lekin ba'zida u chalkashib ketadi va ular uni ayollik qilishni xohlashadi. So'zlarga misollar: oqqush - ilgari ayol edi, hozir bor erkakka xos. Ilgari shoirlar yolg'iz oqqush suzadi deb yozishgan.

Arxaizmlarning xususiyatlari va misollari

U yoki bu leksema nima sababdan eskirganligiga qarab, ular arxaizm va istorizmga bo'linadi. Farqi shundaki, birinchisiga ob'ektlar, hodisalar, jarayonlar va tushunchalarni bildiruvchi so'zlar kiradi. **mavjud va hozirda**. Ba'zi sabablarga ko'ra, ko'pincha tilning o'zi bilan bog'liq emas, ular zamonaviyroq analoglar bilan almashtiriladi. Arxaizmlarning paydo bo'lish jarayoni archaizatsiya deyiladi. San'atda antik davr uslubiga taqlid qilish arxaizm deb ataladi.

Eskirish lingvistik materialdan qaysi biriga tegishli ekaniga ko'ra arxaizmlar uch katta gruppaga bo'linadi:
1) Leksik arxaizmlar;
2) Grammatik arxaizmlar;
3) Frazeologik arxaizmlar.

Leksik arxamzmlar eskirgan materialning xarakteriga ko'ra o'z navbatida ikkiga bo'linadi: leksik arxaizmlar, semantik arxaizmlar. Bu ikki tip arxaizm-so'z, arxaizm-ma'no deb ham yuritiladi.

Leksik arxaizm — eskirgan so'z (nom)dir. Narsa yoki hodisaning nomlaridan biri eskiradi, tilning passiv qatlamiga o'tadi. Leksik arxaizm badiiy yoki ilmiy maqsadlarda o'tmishga murojaat qilinganda eslanadi, tilga olinadi. O'zbek tilida 1920-1930-yillarda ishlatilgan, hozirda leksik arxaizmga aylangan so'zlardan namunalar: dorulfunun (universitet), jabha (front), sho'ro (sovet), kashshof (pioner), ishtirokiyun (kommunist), sovtiyot (fonetika), uchqich, tayyora (samolyot, aeroplan), muhtoriyat (avtonomiya), muhandis (injener), baynalminal (internatsional), ijtimoshon (sotsialistik), sarmoyador (kapitalist), muxolofot (oppozitsiya), handasa (geometriya), riyoziyot (matematika), hikmat (fizika), muhofazakorlik (konservatizm), musallas (uchburchak), o'tomoch (traktor), choparxona (poch- taxona), o'ziqaynar (samavar), o'zgarish (revolyusiya), o'rtoqchilik (kommunizm), yo'qsillar (proletariat), istehsolot (proizvodstvo), bo'hron (krizis), irtijo (reaksiya), mujarrad (abstrakt), mubodala (almashish-obmen) kabi.

Leksik arxaizm so'zning, so'z funksiyasining eskirishi bo'lsa, semantik arxaizm ko'p ma'noli so'z ma'nolaridan birining eskirishidir. Bunda so'z shakli eskirmaydi, balki so'z semantik strukturasidagi yacheykalardan biri — ma'no eskiradi. So'z qobig'i o'sha ma'noni endi anglatmaydigan, ifodalamaydigan bo'lib qoladi. O'sha ma'noni anglatish so'zning hozirgi emas, o'tmish funksiyasi hisoblanadi. Natijada so'zning o'sha ma'nosi eskirgan, endilikda unitilgan bo'ladi. Masalan, anjuman so'zi bir kasb egalarining o'ziga xos yigilishini ham anglatgan. Hozirda bu ma'no eskirgan; afandi so'zi avvallari o'qituvchi ma'nosiga ham ega bo'lgan. Shuningdek, bayroq so'zining «bir bayroq tagiga birlashgan, to'nlangan lashkar», bakovul so'zining unvon va mansabdan tashqari «oshpaz» ma'posi ham hozirda eskirgan.

Semantik arxaizmlar so'z va so'z leksik ma'nosi bilan bog'liq bo'lgani uchun leksik arxaizm tarkibiga kiradi. Shu uchun ba'zi semaitik arxaizmlar leksik-semantik arxaizm deb ham yuritiladi.

Leksik arxaizmlarga so'zning shakliy va talaffuz xususiyatlari bilan aloqador bo'lgan leksik-fonetik, leksik-orfografik, shuningdek aksentologik arxaizmlar ham kiradi.

Leksik-fonetik arxaizmda so'zning hozirgi shakli o'tmishdagi shaklidan tarkibidagi ba'zi tovushlarning o'zgargani bilan farqlanadi. So'zning avvalgi shakli zamonaviy norma talablari oldida eskirgan hisoblanadi. Masalan, luzum (lozim), luzumsiz (lozimmis), ejod (ijod), ichinda (ichida), o'ldi (bo'ldi), o'lmas (bo'lmas), ihtirom (ehtirom), igirmak (yigirmoq), ivaz (evaz), zihn (zehn), zalzala (zilzila) kabi.

Leksik-orfografik arxaizm so'zining eskirgan imloviy shakllaridir. O'zbek tilining 193-yili nashr etilgan imlo lug'atida hegemon (gegemon), hiperbola (giperbola), hipotsza (gipoteza), xo'rizont (gorizont), ihtirom (ehtirom), yilga (jilga) kabi hozirda arxaik orfogrammalar uchraydi.

Leksik-orfografik arxaizmni tug'diruvchi omil so'z talaffuz normalaridagi o'zgarish va imloviy kodifikatsiyadagi yangicha nuqtai nazarlardir.

Aksentologik arxaizmni so'z, ya'ni so'zning talaffuz tomoni bilan bog'liq bo'lgani uchun shartli ravishda leksik arxaizmlarga kiritish mumkin. Aksentologik arxaizm so'z urg'ularidagi o'zgarishlar natijasida sodir bo'ladi. So'z urg'usi vaqt o'tishi bilan boshqa bo'ginga ko'chadi. Urg'uning oldingi holati eskiradi. Masalan, simvol, epigraf so'zlari rus tilida avvallari simvol, epigraf deb talaffuz qilingan. Bu talaffuz hozirda eskirgan, arxaik hisoblanadi.

II.3-§. O'zbek tili leksikasida arxaizmlarning o'rni

Arxaizmlarning umumiy tilshunoslikdagi tadqiqi. Biz, bugungi kunda dunyo tilshunosligini tilga olganimizda, rus tilshunosligiga urg'u beramiz. Shuning uchun o'rni kelganda, arxaizmlar haqida rus tilshunoslari nima deyishganiga e'tibor qilish kerak bo'ladi.

Rossiyada nashr etilgan "Lingvistik ensiklopedik lug'at"da (Lingvisticheskiy ensiklopedicheskiy slovar) istorizm, ya'ni eskirgan so'zlarga quyidagicha ta'rif berilgan: "Istorizm (tarixiy so'z)lar - yo'qolib ketgan realiyalarni bildiruvchi so'z yoki turg'un birikmalar (kravchiy, tyaglo, selovalnik). Tarixiy so'zlar qadim zamonlarga tegishli bo'lishi mumkin (zakup, smerd), unchalik qadimiy bo'lmasligni ham mumkin (likbez, nepman, prodrazvyorstka). Undan tashqari, istorizmlar ko'pma'noli so'zlarning bir necha ma'nosidan bittasi ham bo'lishi mumkin (masalan, turkiy "yarlık" so'zi "xonning yozma farmoni" ma'nosida ham bo'lishi mumkin, "etiketka" ma'nosida ham qo'llanilish mumkin). Tarixiy so'zlar passiv lug'atga tegishli bo'ladi, lekin arxaizmlardan farqli o'laroq aktiv lug'atda sinonimlarga ega bo'lmaydi. O'quv va ilmiy adabiyotlarda terminologik ma'noda qo'llanadi, badiiy adabiyotda esa tarixiy koloritni yaratish maqsadida qo'llanadi

Lug'atlarida eskirgan so'z, atama va tushunchalar sifatida berilgan leksik birliklarning salmoqli qismi arab tilidan o'zlashgan. Buning asosiy sababi Usmonli davrida XIV asrdan boshlab XX asrning o'rtalariga qadar Usmonli turkchasi gurkirab rivojlangan va barcha sohani qamrab olgan. Tabiiyki, Usmonli turkchasi arab va fors tillarining sinteziga o'xshagan murakkab tilga aylanib qolgan edi. Lekin Usmonli saltanatining yemirilishi, Turkiya Respublikasining dunyoviy davlat sifatida barpo etilishi va mustaqilligining ilk yillaridanoq o'tkazilgan tub islohatlar jarayonida, ya'ni XX asrning 30-50 yillaridan boshlab turk tili "tozalana" boshladi.

Shuni ta'kidlash kerak, bugungi turk tili, tarixdan umumturkiy tilning o'g'uz lahjasi o'g'uz-saljuq kichik guruhiga mansub. Turk tili X – XI asrlarda O'rta Osiyodan Onado'lu yarim oroliga ko'chgan va XII asrda Saljuqiylar davlati, XIV asr-ning boshlaridan Usmoniylar İmperiyasini barpo etgan o'g'uz-sal-juq qa-bilalari tilining ko'p asrlik taraqqiyoti natijasida yuzaga kelgan.

O'shanda yangi turk leksikasi, yozuvda keng qo'llanib kelayotgan arxaizmlarning o'rnini egallashi va yangi tushunchalarni ifodalash uchun vosita bo'lishi kerak edi. Ta'kidlanganidek, respublika davrida turk ti-li leksikasi va atamashunosligini qayta yaratish, tilni usmonlicha va ajnabiy tillardan o'zlashib qolgan begona unsurlardan tozalash (özleşme) yo'li bilan umummilliy adabiy til me'yorlarini ishlab chiqishga kiri-shil-di. Bunda turk tili va qardosh turkiy tillarning ichki zahiralaridan keng ko'lamda foydalanildi. Birinchi navbatda, XIII asrdan keyingi turk yozma adabiy yodgorliklaridagi genetik turkiy leksika asos olindi. Agar bu jarayonni uchga bo'ladigan bo'lsak, bulardan birinchisi, neologizmlar sifatida olingan faol arxaik leksi-ka--ning bir qismi zamonaviy turk adabiy tilining lug'at tarkibiga kiritildi va ular arabcha, forscha so'zlarning muqobillari sifatida tildan o'rin oldi. Ma-sa--lan: konuk (ar. misafir) 'mehmon', tanık (ar. şahit) 'guvoh, shohid', oran (ar. nispet) 'nisbat', kez (ar. defa) 'kez, marta', sonuç (ar. netice) 'natija' va h. Ikkinchisi, turk tilining lahja va shevalariga xos qator so'zlar lug'-at tar-ki-bi-ga kiritildi. Masa-lan: çömçe 'yog'och qoshiq; kichik cho'mich', divlek 'pish-ma-gan qovun', çekel 'kichik omoch' va h. Uchinchisi, so'z yara-tish-ning samarali usuli - sof turkiy affikslar yordamida va boshqa yo'llar bilan yangi leksik birliklar yuzaga kel-tirildi.

 Masalan: gözlük 'ko'zoynak', öğretmen 'o'qituvchi' , bakan 'vazir', yüzyıl 'asr', yuz yil', anayasa 'konstitutsiya' kabi.

 O`zbekcha to'y so'zining turkchadagi muqobili toy va düğün so'zlaridir. Düğün so'zi toy (to'y) so'zining sinonimi bo'lib, izohli lug'atda unga "ziyofat, xursandchilik, taom tortiladigan ko'ngil ochar tadbir" deya izoh berilgan: "Ve tamam kırk gün kırk gece toy, düğün edip almış oğluna"[9] – Va shundan keyin qirq kechayu qirq kunduz to'y-tomosha berib, (qizni) o'g'liga olib beribdi. Toy so'zi turk tilida eskirgan hisoblanib, ko'proq ko'tarinki uslubda, og'zaki va badiiy nutqda düğün so'zining sinonimi sifatida qo'llaniladi. Toy (to'y) turk tilida sunnat to'yi, bazm ma'nosida qo'llanadi, düğün so'zi esa ko'proq nikoh to'yi ma'nosida keladi. Düğün – to'y. 1. uylanish munosabati bilan o'tkaziladigan marosim, tantana, o'yin-kulgi.Bir gün, araba ile Merdivenköyü'nde bir köy düğününe gidi-lecekti.[10] Üstelik teyzem de köşkte düğün hazırlıklarına başlamış. [11] 2. sunnat to'yi (sünnet düğünü).

Islomdan oldingi davrda janoza marosimi turklarda yog (yog) yoki yug (yug) deb nomlangan. Bu so'z Mahmud Qoshg'ariyning "Devonu lug'ot-it turk" asarida "o'lik ko'milgandan keyin uch yoki yetti kun ichida beriladigan taom", yoglamak (yoglamak) esa «vafot etgan kishini yodlab, aholiga taom tarqatish» ma'nolarini bersa-da, so'zlarning tagida "taom tanovul qilish" an'anasi bo'lgan janoza ma'rakalarining umumiy nomi sifatida qo'llanilganligi ma'lum. Bu marosimning markaziy nuqtasi bo'lgan "taom tanovul qilish" an'anasi esa islomiyatdan ilgarigi amallarning bir ko'rinishi sifatida namoyon bo'ladi.

Islom dini qabul qilingandan keyin esa islomdan oldingi davr an'ana va e'tiqodlarining asosiy qismi islomiy xarakter kasb etib davom ettirilgan. Yug

(yug) marosimlarining asosiy maqsadi marhum xotirasini yod qilib, osh berish edi. Shu bilan birga bunday marosimlar marhum xotirasi uchun qilingan tomosha (namoyish)larni ham o'z ichiga olar edi. Qolaversa, yug (yug) marosimlarida yig'i, yuzni yulish, sochni qirqish, ot choptirish kabi urf-odatlar bunga misol bo'la oladi. Umuman, turkiy xalqlarda belgilangan kunlarda osh berish (taom tortish) an'anasining islomdan oldingi davrga tegishli marosim bo'lganligini ta'kidlash joiz. Osh (yog) berish marosimi hozirgi paytda qozoq, qirg'iz, qrim tatarlari, qumiq, avar, no'g'ay va ozarbayjonlarda ham bo'lgan an'analardan.

Qadimgi turkcha matnlar, shuningdek, badiiy adabiyot-da uchrab turadigan naşi, birle, tek, sa-rı, içre, ara, içeri, dışarı, özge kabi so'zlarni ham ko'makchi sifatida namoyon bolishi mumkin.

Sof turkcha arxaizmlarning yirik qismini ot va sifat turkumiga oid so'zlar tashkil etadi. Ular otdan ot va sifat yasovchi qoshimchalar vositasida yasalgan. Masalan, -l (-ıl, il), eski turkcha –sıl (-sil) qo'shimchasi vositasida yaşıl(yangi shakliyeşil), kızıl (yangi shakli kırmızı) sifatlari yasalgan. Yeşil (eski nomi yaşıl) yaş, ya'ni «yosh», «yangi unib chiqqan» ma'nosidagi o'zakka, yasovchi qo'shilishi natijasida yasalgan. Yoki bo'lmasa, hozirgi turk tilidagi kırmızı sifatining eskirgan shakli kızıl hisoblanadi. Lekin qizil eskirgan so'z bo'lishiga qaramay, hozirgi tilda bo'yoqli, ko'tarinki uslubda keng qo'llanadi: kızıl bayrak, kırmızı kan kabi. Hozirgi turk tilidagi başka so'zining eskirgan shakli özge so'zi bo'lib, ushbu so'z qadimgi turkiy tildan saqlanib qolgan –ge (-

ka) qo'shimchasi yordamida yasalgan. Hozirgi turk tilidagi kışla (kazarma, barak), yayla (yaylov) so'zlarini yasagan qadimgi turkiy -la (-le) qo'shimchasi(eskirgan kışlag (qishloq, qishlanadigan joy), yaylag (qo'y-qo'zilar yoyilib, o'tlab yuratigan kenglik, joy) so'zlarini yasagan. Eski lag qo'shimchasi keyinchalik qisqarib, -la qo'shimchasiga aylangan va fe'ldan ot yasalgan.

Turk tilida bir necha rang nomi eskirgan hisoblanadi. Masalan ak, kara ranglari kochma ma'noda qollanadi. Ularning o'rniga arab va fors tillaridan ozlashgan beyaz va siyah sifatlari faol ishlatilmoqda.

Arxaizmlar ustida olib borgan tadqiqot jarayonida hozirgi turk tilshunosligida, turkcha izohli va ensiklopedik lug'atlarida eskirgan so'z, atama va tushunchalar sifatida berilgan leksik birliklarning katta qismi arab tilidan o'zlashgan ekanligiga ishonch hosil qilindi. Buning asosiy sababi esa, nazarimizda, usmoniylar davlati hukm surgan davrda, ya'ni XIV asr boshidan XX asrning ilk yillariga qadar Usmonli turkchasi gurkirab rivojlangani va barcha sohani qamrab olganligi hisoblanadi. Chunki, yuqorida ham ta'kidlangani singari, Usmonli turkchasi arab va fors tillarining sinteziga o'xshagan murakkab tilga aylanib qolgan edi.

Turk tilining izohli lugatidan joy olgan aniq misollarga murojaat qilaylik.

Turk tilidagi resim (ar.resm) so'zi hozirgi tildagi arabchadan ozlashgan örf va adet so'zlarining sinonimi bo'lib, hozirgi turk tilning eskirgan so'z lar zahirasida turadi. Jonli nutqda ushbu so'z deyarli qo'llanilmaydi. Uni badiiy asarlardagina uchratish mumkin. Ushbu so'zning merasim (marosim) shakli (resim so'zi o`zagi asosida yasalgan) nutqdagi faol so'zlardan biri hisoblanadi. Turk tilining izohli va ensiklopedik lug'atlarida ushbu so'zga "1. marosim; 2. urf-odat" deb izoh berilgan. O'zbek tilida esa, aksincha. Rasm so'zi nutqda urf-odat, an'ana so'zlarining sinonimi sifatida qo'llanib kelinmoqda.

Xuddi shu mazmundagi turkiy tilga arabchadan o'zlashgan yana bir so'z teamül (ar. tea : mül) dir. U hozirgi turk tilida eskirgan va kam qo'llanadigan so'z bo'lsa-da, badiiy adabiyotda odat va urf so'zlarining sinonimi sifatida uchrashi mumkin. Ma'nosi: "Bir joyda qadimdan davom etib kelgan xatti-harakat, munosabat (odat)". Ushbu so'z yordamida turk tilida teamül hukuku iborasi yasalgan (ma'nosi: urf odatlarga asoslangan huquq; urf-odat darajasiga yetib kelmagan, yozma shaklda belgilab qo'yilmagan huquq).

O'zbek tilila rasm sozi ham taomil sozi ham eskirgan soz emas. Ozbek tilining izohli lug'atda taomil so'ziga quyidagicha izoh beriladi: "Taomil – biror jamiyatda odat hukmiga kirgan tartib-qoida," rasm, tradisiya (an'ana), urf-odat, udum so'zlarining sinonimi: eski taomil, yangi taomil kabi. To'yning to'ri aziz mehmonlarga ataladi. Urf-odatimiz, taomilimiz shunday (M. Nazarov. Cho'lni yashnatganlar). To'y kunlari ichkarida samovarni ko'pincha erkak kishi qaynatishi eskidan taomil bo'lib qolgan (Oybek. Qutlug' qon).

O'zbek tiliga arab tilidan o'zlashgan va odat, urf (urf-odat), taomil yoki udum so'zlarining ma'nodoshi bo'lgan an'ana so'zi (ar. a'nane) turk tilida ham an'ane shaklida lug'atlarga kiritilgan va eskirgan so'z sifatida belgilab qo'yilgan. Uni ko'proq badiiy va tarixiy asarlarda uchratish mumkin (Böyle ufak kasabalarda, öteden beri arisokratik bir an'ane vardı. – E. E. Talu –Ana shunday shaharchalarda unchalik serhasham bo'lmasa-da, oqsuyaklarga xos an'analar bor edi). An'ane so'zi eskirgan so'z hisoblansa-da, undan turk tilida bir necha shakl yasalgan: an'aneci, (an'analarga sodiq), an'anecilik (an'anachilik), an'anesiz (an'analarga sodiqlik), an'anevi (an'anaviy, an'anaga asoslangan) kabi.

Arab tilidan o'zlashgan beşeriyet so'ziga –çi turkcha yasovchisi qo'shilishi natijasida yasalgan beşeriyetçiso'zi va unga –lik yasovchisi qo'shilishi natijasida yasalgan hozirgi turk tilida eskirgan so'z bo'lib, "bashariyat tarafdori, gumanist, insonparvar (kishi)", "bashariyatchilik ishi, gummanizm, insonparvarlik" ma'nosida qo'llaniladi.

III. TARIXIY LEKSIKA

III.1-§. O'zbek tilining lug'at tarkibidagi istorizmlar

Tarixiy so'z bildiradigan narsa-hodisa iste'moldan chiqib, o'tmish voqeligiga aylanganligi sababli, uning ko'pchiligi hozirgi davr kishisi uchun notanish bo'lishi mumkin.

Ayrim ko'p ma'noli so'zning ba'zi ma'nosi tarixiylashib, boshqasi saqlanib qoladi. Masalan, **millat** so'zining **Millatingni ayt: - Ibrohim Xalilulloh millati** gapida voqealangan "biror dinga mansublik" tarixiy ma'nosi eskirgan. Misollar:

3.1.1-jadval

Eski ma'no	Yangi ma'no
Rais – diniy rasm-rusum nazoratchisi	**Rais** – rahbar
Arbob – qishloq oqsoqoli	**Arbob** – unvon
Saroy – podshoh qarorgohi	**Saroy** – madaniy tadbir joyi
Boy – feudal yer egasi	**Boy** - mo'l, ko'p
Oqsoqol – mahalla xo'jayini	**Oqsoqol** – keksa, hurmatli shaxs

Istorizm — eskirgan so'z tiplaridan biridir. Tilda istorizmlarni tug'dirish asosiy omil ijtimoiy hayot, davr, tarixiy sharoitdir. Davr o'tishi bilan muayyan paytda zamonaviy hisoblangan ba'zi predmet qo'llanishdan qoladi. Ular to'g'risidagi tasavvurlar eskiradi va tarixiy faktga aylanadi. Natijada bu narsa va hodisalarni ifodalovchi so'zlarni ishlatish ham susayadi va so'z astasekin til lug'at tarkibining aktiv qatlamidan passiv qatlamiga o'tadi. Muddat o'tishi bilan predmet ham, uning nomi ham o'tmish davr hodisasi (tarixiy hodisa) ga aylanadn, qo'llanishdan qoladi. Shu sababli bu tip so'zlar fanda o'tmish davr fakti — istorizm, ya'ni tarixiy so'zlar deb yuritiladi. Demak, istorizmlar eskirgan narsa va predmetlarning eskirgan, tarixiy nomlaridir. Istorizmlarning yuzaga kelishi, buning sabablari tabiat va jamiyatdagi o'zgarishlar, yangilanish va eskirishlar bilan aloqadordir. Hayot, turmush bir yerda turmaydi.

Ijtimoiy-siyosiy hayot, tarixiy formatsiyalar o'zgarib, almashinib turadi. Natijada kishilarning moddiy va ma'naviy hayoti, turmushi, davlat tuzilishi, diniy, etnografik tasavvurlari o'zgarib, yangilanib turadi. Ijtimoiy-siyosiy hayotdagi o'zgarishlar ba'zi amal, mansab va unvonlarning eskirishiga olib keladi. Kundalik moddiy turmushdagi o'zgarishlar ba'zi ro'zg'or buyumlari, kiyim-kechaklar, iste'mol mollari, qurolasboblarning eskirishiga, qo'llanishdan chiqishiga sababchi bo'ladi. Ijtimoiy-siyosiy tuzum, bu bilan bog'liq holda kishilarning ma'naviy, diniy qarashlaridagi o'zgarish va yangilanishlar bu sohalarga doir hodisalar, tushuncha va tasavvurlarning eskirishi, unutilishiga boisdir. Mana shu asosda ma'lum davrda zamonaviy hisoblangan narsa va hodisalar, tushuncha va tasavvurlar eskiradi, iste'moldan chiqadi, tarix mulkiga aylanadi. Bu bilan bog'liq holda ularning nomi bo'lgan so'zlarning ham zamonaviyligi, aktualligi yo'qoladi va eskirgan predmet, tasavvur nomiga aylanadi. Shu tufayli ham istorizmlarni ifodalovchi tushunchalar o'tmish davrga oid hodisadir. Istorizm eski lug'at birligidir. Istorizm sinxronik nutqda qo'llanishi va qo'llana olishiga ko'ra zamonaviydir, xolos. Zamonaviy nutqda qo'llapgan istorizmda eskilik ottenkasi sezilib turadi, so'z ba'zi hollarda hozirgi davr kishisi uchun tushunilishi qiyin va umuman tushunarsiz bo'lishi ham mumkin. Bunday so'zlar uchrovchi tekstlar maxsus izohlar bilan ta'minlanadi. O'zbek xalqi hayotida Ulug' Oktyabr sotsialistik revolyutsiyasidan keyin yuz bergan juda katta ijtimoiy, siyosiy, moddiy va ma'naviy o'zgarishlar tufayli o'tmish — feodalizm davriga oid ko'pgina narsa va hodisalar, tasavvurlar eskirdi, iste'moldan chiqdi. Mana shu o'zgarishlar bilan bog'liq holda o'zbek tili leksikasidagi ko'pgina so'zlar ham endilikda istorizmlar qatoriga o'tdi. Bu so'zlar hozirgi o'zbek tilida ma'lum ehtiyoj tufayligina ishlatiladi va hozirgi davr o'zbek adabiy tilining lug'aviy normasi hisoblanmaydi.

Tarixiylik – o'zi atagan narsa yoki tushuncha iste'moldan chiqib ketganligi uchun qo'llanmayotgan leksik qatlamdir. Bu qatlam har bir davrda o'ziga xos holatda yuzaga keladi, ko'payadi. Ammo uning ko'payishini til taraqqiyoti bilan bog'lamaslik kerak. U til boyligidan chiqib borayotgan leksikadir. Bu bilan til boyligi qashshoqdashib qolmaydi. Ijtimoiy xayotda iste'moldan chiqib borayotgan narsa va tushunchalar o'rnini yangisi egallaydi va u bilan bog'li leksika almashib boradi.

Tarixiylik ma'lum bir so'zning leksik ma'nosi sifatida ham kechadi. Bunday tarixiylik semantik tarixiylik deb qaraladi. Masalan, *bekat* so'zining har bir beklikka qarashli, elchilar otini almashtirib berib turadigan. joyni bildiruvchi ma'nosi bunday qarorgoh yo'qolgach, tarixiylikka aylangan. *Aqcha* so'zining «kumush tanga»: ma'nosi hakida ham shu fikrni aytsa bo'ladi.

Tarixiylik. ma'lum so'z holatida ham kechadi. Masalan, *eshon, qozi, qo'rboshi, xalala* so'zlari tarixiylikka misoldir. Ya'ni eshon, qozi, qo'rboshi amallari yo'qolgach, shuningdek, xalala odati rasmiyatdan chiqib ketgach, ularni ifodalagan so'zlar ham tarixiylikka aylangan.

Har qaysi xalq milliy qadriyatlarini o'z maqsad – muddaolari, shu bilan birga, umumbashariy taraqqiyot yutuqlari asosida rivojlantirib, ma'naviy dunyosini yuksaltirib borishga intilar ekan, bu borada tarixiy xotira masalasi alohida ahamiyat kasb etadi. Ya'ni tarixiy xotira tuyg`usi to'laqonli ravishda tiklangan, xalq bosib o`tgan yo'l o`zining barcha muvaffaqiyat va zafarlari, yo`qotish va qurbonlari, quvonch va istiroblari bilan xolis va haqqoniy o'rganilgan taqdirdagina chinakam tarix bo`ladi. Yalpi axborotlashuv, texnika asrida bolalarni kitobga jalb qilish oson kechmaydi. O'quvchi kerakli ma'lumotni tez va qulay topish yo'llarini izlaydi, o'quv lug'atlari uning yoshi, qiziqishlari, dunyoqarashiga mos tuzilib, e'tiborini torta oladi.

Adabiyotlar tahlili va metodologiya: Istorizmlar tarixini o'rganish harakatlari Yevropa tilshunosligida ham, ingliz tilshunosligida ham umumiy lug'atchilik masalalarini o'rganishdan ikki-uch asr keyin boshlangan. O'quv lug'atlarini ilmiy asosda o'rganish XVII asrda birinchi ingliz leksikografi S.Jonson, XIX asr boshlarida fransuz tilshunoslari J.Dyubua, K.Dyubua, G.Matore, K.Bak, ispan tilshunosligida Y.Malkil ishlaridan boshlanadi. Keyinchalik oʻzbek tilshunosligida leksikografiyaning bu tarmogʻini takomillashtirish davlat ahamiyatidagi masala sifatida kun tartibiga qoʻyiladi. Ana shu xatti-harakatlar samarasi oʻlaroq oʻzbek oʻquv lugʻatchiligi yuqori pogʻonaga koʻtariladi va ulkan yutuqlarni qoʻlga kiritadi. Bunda P.N. Denisov, L.A. Novikov, S.G. Barxudarov, V.V. Morkovkin, Y.N. Karaulov, M.A. Skopina, V.N. Sergeyev, V.A. Redkin, A.V. Tekuchev, Z.A. Potixa, D.E. Rozental kabilarning xizmatlari katta boʻladi. Yevropada oʻquv lugʻatchiligi oʻz oldiga qoʻygan maqsadlariga toʻla erishib, bugungi kunda oʻquv lugʻatlarini zamonaviy takomillashgan koʻrinishlarini yaratish, ularni elektronlashtirish masalalari bilan shugʻullanmoqda. Bu borada K. Petrova, I.V. Azarova, O.A. Mitrofanova, A.A. Sinopalnikova, I.G. Gelfenbeyn, A.V. Goncharuk, V.P. Lexelt, A.A. Lipatov, V.V. Shilo, Y.N. Karaulov, Y.A. Sorokin, Y.F. Tarasov, N.V. Ufimseva, G.A. Cherkasova va boshqalarning xizmatlarini alohida ta'kidlash lozim. Boshqa tillarda boʻlgani kabi umumiy lugʻatchilik masalalari oʻzbek tilshunosligida ham Z.M. Ma'rufov, A.P. Hojiyev, S.F. Akobirov, H. Yusufxoʻjayeva, N. Alhamova, E. Umarov, A. Madvaliyev, T. Aliqulovlarning ishlarida atroflicha oʻrganilgan. Biroq bevosita oʻquv lugʻatchiligi masalalari hozirga qadar maxsus tadqiq etilmagan.

Tahlil va natijalar: Til taraqqiyotining ma'lum bir davrida muomalada faol qoʻllangan, lekin keyinchalik shu soʻz ifodalagan predmet, voqea yoki hodisa oʻzining hayotiy faoliyatini to'xtatgach, uni anglatgan so'z ham eskirsa, qo'llanish darajasini susaytirib, yo'qotib, tarixiy so'zga aylanib qoladi. Demak, tarixiy so'zlar o'zi atagan narsa yoki tushuncha iste'moldan chiqib ketganligi bois qo'llanmayotgan leksik qatlamdir[8]. Bu qatlam har bir davrda jamiyat taraqqiyoti bilan bog'liq holda yuzaga keladi, kamayib boradi. Istorizmlar leksik, semantik, frazeologik xarakterga ega bo'ladi. Eskirib iste'moldan chiqqan, o'z sinonimiga ega bo'lmagan so'zlarga leksik istorizmlar deyiladi: omoch, cho'ri, yuzboshi kabi

Tahlil va natijalar: Til taraqqiyotining ma'lum bir davrida muomalada faol qo'llangan, lekin keyinchalik shu so'z ifodalagan predmet, voqea yoki hodisa o'zining hayotiy faoliyatini to'xtatgach, uni anglatgan so'z ham eskirsa, qo'llanish darajasini susaytirib, yo'qotib, tarixiy so'zga aylanib qoladi. Demak, tarixiy so'zlar o'zi atagan narsa yoki tushuncha iste'moldan chiqib ketganligi bois qo'llanmayotgan leksik qatlamdir[8]. Bu qatlam har bir davrda jamiyat taraqqiyoti bilan bog'liq holda yuzaga keladi, kamayib boradi. Istorizmlar leksik, semantik, frazeologik xarakterga ega bo'ladi. Eskirib iste'moldan chiqqan, o'z sinonimiga ega bo'lmagan so'zlarga leksik istorizmlar deyiladi: omoch, cho'ri, yuzboshi kabi

Istorizmlar tilning leksik tarkibidan tamoman chiqib ketmaydi, zarur payt-da nutqda qo'llanib turadi, lekin eskirganligi, unutilganligi sababli ma'nosi ko'pincha izoh talab qiladi. Hozirgi o'zbek tili leksikasi tarkibidagi batrak, amin, vasiqa, vaqarnoma, mudarris, charx, kansava, tanob, choriq, quloq kabi so'zlar tarixiy so'zlar – leksik istorizmlardir.

So'z ma'nosi anglatgan narsa, voqea, hodisalar eskirmay, uning ma'nosida yangilanish yuz berib, oldingi ma'nosi istemoldan chiqsa, semantik istorizm deyiladi.

Masalan, arbob – aristokrat, arbob – fan arbobi; saroy – podsho qarorgohi, saroy – san'at saroyi; vazir – podshoning o'rinbosari, vazir – mi-nistr; rais – shayxlar rahnamosi, rais – jamoa xo'jaligi boshlig'i kabi. Eskirib iste'moldan chiqqan, o'z ekvivalentiga ega bo'lmagan iboralarga frazeologik istorizmlar deyiladi. Masalan, madrasa tuprog'ini yalamoq, tarki dunyo qilmoq holatlari hayotda mavjud bo'lmasa ham, ularning ifodasi tarixiylik sifatida saqlanib qolgan1. Jamiyat to`xtovsiz rivojlanib boradi. Yillar o'tishi bilan mehnat qurollari, kiyim-kechak, uy jihozlarining yangi nusxalari paydo bo'ladi, eskilarining ba'zilari ishlatilmaydigan bo'lib qoladi, natijada ularni ifodalovchi so'zlar ham bora-bora juda kam qo'llanadi yoki iste'moldan chiqib ketadi. Masalan, qadimgi o'zbek qatlamga tegishli ashu (qizil tuproq), ashuq (temir qalpoq, dubulg'a), aqru (sekin) kabi so'zlar eskirgan so'zlardir.

Demak, qadimda nutqda faol qo'llanilgan, bugun esa kundalik hayotda ishlatilmay qolgan so'zlar eskirgan so'zlar deb atalar ekan. Tilshunoslikda eskirgan so'zlar ikki guruhga ajratiladi: tarixiy so'zlar va istorizmlar.

1) tarixiy so'zlar – hozirda mavjud bo'lmagan narsa hodisalarning iste'moldan butunlay chiqib ketgan nomlaridir; bunda so'z o'zi ifodalagan tushuncha bilan birgalikda eskiradi: o`nboshi, ellikboshi, kanizak, olampanoh, eshik og`ası, xalfa kabi.

2) istorizmlar – hozirda mavjud bo'lmagan narsa-hodisalarning iste'moldan butunlay chiqib ketgan

nomlaridir; bunda so'z eskiradi, lekin tushuncha eskirmaydi, boshqa so'z bilan ifodalanadigan bo'lib qoladi, bunday so'zlar iste'moldan chiqish arafasida turgan, hozirgi tilda sinonimi bo'lgan so'zlardir. Agar buni ona tilimizda ifodalaydigan bo'lsak, qavs ichida hozirgi tildagi sinonimlari berilgan: rayon (tuman), ekspress (tezyurar), oblast (viloyat), vrach (shifokor), xirurg (jarroh), injener (muhandis), redaktor (muharrir), redaksiya (tahririyat), ulus (xalq), bitik (yozuv) va h.

Bizning fikrimizcha, ushbu materialni o'rganayotganda, istorizmlar haqida bir necha so'z aytish kerak, ya'ni. g'oyib bo'lgan narsalar, hodisalar, tushunchalar nomlari: qo'riqchi, zanjirli pochta, jandarm, politsiyachi, hussar va boshqalar.

Eskirgan so'zlarning ushbu maxsus guruhining paydo bo'lishi, qoida tariqasida, tildan tashqari sabablarga ko'ra yuzaga keladi: jamiyatdagi ijtimoiy o'zgarishlar, ishlab chiqarishning rivojlanishi, qurol-yarog'larning yangilanishi, uy-ro'zg'or buyumlari va boshqalar. Tarixiylik, boshqa eskirgan so'zlardan farqli o'laroq, zamonaviy o'zbek tilida sinonimlarga ega emas. Buning sababi, voqelikning o'zi eskirgan, ular uchun bu so'zlar nom bo'lib xizmat qilgan. Shunday qilib, uzoq vaqtlarni tasvirlashda, o'tgan davrlar lazzatini qayta tiklashda istorizm maxsus lug'at funktsiyasini bajaradi: ular raqobatdosh ekvivalentlarga ega bo'lmagan atamalar turi sifatida ishlaydi. Tilda paydo bo'lish vaqtiga ko'ra bir-biridan farq qiluvchi so'zlar istorizmga aylanadi: ular juda uzoq davrlar va yaqinda sodir bo'lgan voqealar bilan bog'lanishi mumkin. Lingvistik adabiyotda istorizmlar bajaradigan tarixiy stilizatsiya funktsiyasining ustunligi ta'kidlanadi.

Tarixiylik - bu zamonaviy hayotdan yo'qolgan narsa, hodisalar, tushunchalarning nomlarini bildiruvchi eskirgan so'zlar, masalan: zanjirli pochta, bo'shliq, yorug'lik, zemstvo, pishchal. Tilda istorizmlarning paydo bo'lishining sababi kundalik turmush, urf-odatlarning o'zgarishi, texnika, fan, madaniyat taraqqiyotidadir. Ba'zi narsalar va munosabatlar boshqalar bilan almashtiriladi. Masalan, armyak, kamzulga, kaftan kabi kiyim turlarining yo'qolishi bilan bu turdagi kiyimlarning nomlari o'zbek tilidan yo'qolib ketdi: endi ularni faqat tarixiy yozuvlarda uchratish mumkin. Rossiyada krepostnoylik bilan bog'liq bo'lgan krepostnoy, soliq, quitrent, korve va boshqa so'zlar tegishli tushunchalar bilan birga abadiy ketdi. Tarixiylik, boshqa eskirgan so'zlardan farqli o'laroq, zamonaviy o'zbek tilida sinonimlarga ega emas. Buning sababi, voqelikning o'zi eskirgan, ular uchun bu so'zlar nom bo'lib xizmat qilgan. Shunday qilib, uzoq vaqtlarni tasvirlashda, o'tgan davrlar lazzatini qayta tiklashda istorizm maxsus lug'at funktsiyasini bajaradi: ular raqobatdosh ekvivalentlarga ega bo'lmagan atamalar turi sifatida ishlaydi. Tilda paydo bo'lish vaqtiga ko'ra bir-biridan farq qiluvchi so'zlar istorizmga aylanadi: ular juda uzoq davrlar (tiun, voivode, oprichnina) va yaqinda sodir bo'lgan voqealar (naturada soliq, spong, uyezd) bilan bog'lanishi mumkin.

Lingvistik adabiyotda istorizmlar bajaradigan tarixiy stilizatsiya funktsiyasining ustunligi ta'kidlanadi. Biroq, bu guruh so'zlarini ishlatishda "o'xshashlik" va o'ziga xoslikni ko'rsatib, uni 20-asrning ikkinchi yarmidagi shoirlar galaktikasidan ajratib turdi . Ba'zan eskirgan so'zlar yangi ma'noda ishlatila boshlaydi. Shunday qilib, sulola so'zi zamonaviy o'zbek tiliga qaytdi. Ilgari uni faqat qirollik, monarxiya kabi ta'riflar bilan birlashtirish mumkin edi. Endi ular ishchilar sulolalari, konchilar sulolalari, yog'ochchilar sulolalari, oila timsolida "meros" kasbiga ega bo'lishlari haqida gapirib, yozishadi.

III.2-§. O'zbek tili leksikasidagi istorizmlarning tiplari va grammatik xususiyatlari

I. Ijtimoiy-siyosiy hayot bilan bog'liq so'zlar:

a) sinflar, tabaqalar, sulolalar nomi: sulton, boy, podshoh, xon, qul cho'ri, kaniz/kanizak darivesh, g'ulom, quloq, bagrak, aslzoda, boyvachcha, do'g'ma (qullar), zamindor (yer egeasi, feodal), zardushtiy(lar), kohin (braxman), naqib (e'tiborga sazovor kishi), naqib xo'ja (sayidlar), naqshbandi, no'yon (ulug' bek), oqsoqollar (mansabdorlar), jadid, jadidlar, sunniy(lar), isha(lar), xoqon, sharif (badavlat urug' vakili), hokim, mushtumzo'r va boshqalar;

b) mansab, amal, unvonlar nomi: amin, amir, arbob, otaliq, bek, biy, vazir, dasturxonchi, sharbatdor, daftardor, devonbegi, jagirdor, jilovdor, zakotchi, inoq, dorug'a, inoqi kalon, iqtidor mehtar, mirza, mirzaboshi, miroxo'r, mirshab, noib, parvonachi, ponsod, sadr, tavochi, to'ra, to'qsoba, yurchi, udaychi, shotir, shig'ovul, qozi, qo'rboshi, hokim, mingboshi, yuzboshi, pristav kabi.

c) kasb-hunar, mashg'ulotlar nomi: axtachi, bojgir, darbon, jallod, jarchi, mirob, sayis, sarrof, farrosh, chorakor, hannot, bazzoz, baqqol, vofurush, do'kondor, bozorchi, sudxo'r, shotir (jilovdor), shukurchi (soyabon tutuvchi), hannot (olib sotar) va boshqalar.

II. Ba'zi hujjatlar nomi: vasiqa, murofaa, sanad, mahzar, vaqf, vaqfnoma, yorliq, inoyatnoma kabi;

III. Maktab va maorif sohasiga doir tushunchalar nomi: mulla, mullabachcha, xalfa (xalifa); otin, otinbuvi, madrasa, mudarris, abjad, haftiyak va boshqalar;

IV. Harbiy sohaga oid tushunchalar, qurollar nomi: shamshir, sovut, nayzabardor, kamon, sadoq (o'qdon), berdanka (qurol), sarboz, lashkar, navkar, elnavkar, to'pchiboshi, basqoq (lashkarboshi), gurzi, jiyba (harbiy kiyim), chokar (qurolli yigitlar), yasovul, qilichdor, shamshirdor, qurolbardor, yarog'bardor, sipoh (lar), xandaq, suvoriy, dorug'a, cherik (lashkar) va boshqalar;

V. Kiyim-kechak, bezak va matolar nomi: bo'z, adras, kimxob, banoras, misqoli, qalami, kundal, choriq, zunnor (chilvor), tark (urush kiyimi), taqya, quloh, janda kabi;

VI. Oziq-ovqat va bu bilan aloqador xom-ashyolar nomi: ko'mach, zog'ora, yorma, atala, boda (may), alik (yem-xashak), bug'ro (bir xil ovqat), quloch (shirinlik turi), tutmoch (xamir oshi turi), o'rkamach (taom turi) va boshqalar;

VII. Uy-ro'zg'or buyumlari, qurollar nomi: sandal, karson, chig'iriq, charx duk (dug), kajava, faytun, juvoz, patefon, xallaji, kashkul (sadaqa solinuvchi idish), yorg'uchoq, tufang (ov quroli), qo'sh, omoch va boshqalar;

VIII. O'lchov va pul birliklari nomi: botmon, qadoq, chorak tanob, chaqirim, dahsar, pud, misqol, arshin kabi;

IX. Oy, kun, yil va payt nomlari: barot, muharram, safar, asad, rajab, sha'bon, ramazon, mezon, aqrab, qavs, hamal kabi;

X. Diniy tasavvur va aqidalar bilan bog'liq so'zlar: xo'ja (xoja), eshon, imom, imomat, murid, shariat, g'azot, shahid, a'lam, mufti, burhon, but, sanam, vaqf, said, tavliyot (mutavallilik), shayx, shayxulislom, qalandar, qozi, pir, zikr, dev, chilton (lar), choriyor va boshqalar;

XI. Etnonimlar: barlos, qipchoq, o'g'uz, jaloyir, qarluq, chigil, yag'mo, arlot, xitoy, nayman, ming, yuz kabi;

XII. Soliqlar nomi: aminona, dorg'ona, juz'ya, zakot, mirobona, mushrif, solg'ut, yasoq, o'lpon, qo'sh, puli, hiroj va boshqalar;

XIII. O'tmishga oid boshqa xil predmet va hodisalar nomi: zindon, qozixona, dumaxona, tarhon, taxt, toj, amirlik, beklik, ark (ichki qal'a), daha, mulki xiroj, mulki xolis (feodal yer egaligi) ko'rinishlari va boshqlar.

Istorizmlar turg'un iboralar, birikmalardan iborat bo'lishi mumkin: padari buzrukvor, a'lo hazrat, fotihi muzaffar, farmoni oliy, farmoni humoyun, davlatpanoh, dargohi mukarram, qasri oliy, haq taolo, amri vojib, arkoni harb, arkoni davlat va boshqalar.

Qisqartma so'zlar ham istorizmlar qatoriga o'tadi: NEP, RKI, GPU, MOPR, KIM, firqo'm, qo'shqo'm va boshqalar.

Istorizmlarning ko'pi so'z ham, uning ma'nosi ham eskirishidan tug'iladi. Bu to'liq ma'nodagi istorizm turi bo'lib, so'z bilan bog'liq bo'lgani tufayli leksik istorizm deyiladi. Ba'zan so'z material tomonidan emas, balki ma'no tomonidai eskiradi. Bunda so'z yangi davrda yangi ma'noda qo'llanaveradi, uning oldingi ma'nosi esa tarixga, o'tmishga tegishli bo'lib qoladi. Bu kabi istorizmlar semantik istorizmlar deb yuritiladi.

Istorizmlarning grammatik xususiyatlari. Istorizmlar haqida gap borganda hozirgi o'zbek tilidagi arxaik qo'shimchalar va boshqa grammatik shakllarni ham unutmaslik kerak. Chunki tilda so'zlar eskirgani kabi qo'shimchalar ham eskirishi mumkin. Masalan, qadimgi o'zbek tilida tushum kelishigining - (i)g, - (i)g' shakli, jo'nalish kelishigi kabi shakllari mavjud bo'lgan, shuningdek, - (i)n qo'shimchali vosita kelishigi ham bo'lgan: eligin tutdi - qo'li bilan ushladi. Yoki bo`lmasa, tushum kelishigining unutilib ketgan va hozirda ba'zi shevalarda saqlanib qolgan qo'shimchasi, otga egalik qo'shimchasidan keyin qo'shiladigan (-n) ayiruvchisini olib qaraydigan bo'lsak, ushbu qo'shimcha hozirgi o'zbek tilida –i (-yi, -ni) shakliga ega. Eski o'zbekchada esa -n bo'lgan: eli-n, saçı-n (çekti), yüzü-n (açtı), gözü-n (süzdü) kabi. Bu qo'shimcha badiiy adabiyotda, xususan, she'riyatda uchraydi. Shuningdek, otning fe'lga bir vosita ekanligini ko'rsatadi va vosita, zamon ma'nolarini ifodalovchi (vosita shakli) shaklining qo'shimchasi ham eski o'zbekchada -n bo'lgan, lekin bu eskirgan qo'shimcha hozirgi zamon o'zbek tilida faqat bir necha so'zgagina qo'shiladi (undosh tovush bilan tugagan so'zlarga ayiruvchisi yordamida qo'shiladi) va zamonni ifodalaydi: (yozda), (qishda), (tush paytida), (to'satdan) kabi. O'zbek tili grammatikasida bu qo'shimchani ravishdosh qo'shimchasi shaklida qolganligi ham ta'kidlanadi: (to'xtamasdan), (ko'rmasdan) kabi. Ba'zan ushbu kelishik shaklida hech qanday vosita holati yoʻqligini koʻrish mumkin. -n qoʻshimchasi nutqda qoʻllanishdan chiqishi bilan uning oʻrnini (bilan) bogʻlovchisi egallagan. Eski oʻzbekchada feʼlning orttirma nisbat qoʻshimchasi -it- va -ir boʻlgan. -it- qoʻshimchasi unli bilan (https://fayllar.org/quyidagi-gapda-asosi-bir-bogindan-iborat-sozlar-sonini-toping.html), shuningdek, r va l sonor undosh tovushlar bilan tugagan feʼl negizlariga qoʻshiladi. Bunday feʼl negizlariga qoʻshilganda -it- qoʻshimchasidan -i- unlisi tushib qoladi: belir-t-mek, oturtmak, kısal-t-mak, anla-t-mak kabi. Baʼzi qattiq undoshlar bilan tugagan oʻzaklarga ham -it- qoʻshimchasi qoʻshilishi mumkin: ak-ıt-mak, kork-ut-mak kabi. Hozirgi zamon oʻzbek tilida 9 xil feʼl tuslanishi shaklidan 6 tasida yuqorida keltirilgan shaxs qoʻshimchalari keladi. 3-shaxs birlik shakli qoʻshimcha olmaydi va tugallangan maʼno kasb etish uchun alohida shaxs qoʻshimchasi olishi lozim boʻladi.

1-shaxs egalik qoʻshimchasi -im boʻlib, Sharqiy Onadoʻluning baʼzi tumanlarida (https://fayllar.org/urf-odat-va-ananalar.html)-em shaklida qoʻllanadi (bil-ür-em, bil-miş-em, bil-meli-y-em). Oʻtgan zamon va istak mayli, 1-shaxs, koʻplik shakli birlik shaxs qoʻshimchasi oʻrniga koʻpincha tushib qoluvchi -ik qoʻshimchasi qoʻshilib yasaladi: bil-di-k, bil-se-k (eski oʻzbekchada bil-di-miz). Sharqiy Onadoʻludagi baʼzi tumanlarda 2-shaxs qoʻshimchasi -sen kishilik olmoshidir (bil-irsin). -sin feʼl tuslanishida, Onadoʻlu shevalarida feʼlning 2-shaxs oʻrniga -in egalik qoʻshimchasi olganini koʻrish mumkin: bil-iyo-nʼ, bil-miş-inʼ, bil-eceinʼ, bil-ir-inʼ kabi. 2-shaxs koʻplikda birlik shakliga - (https://fayllar.org/ozbek-tilida-birlik-va-koplik-son-shakliga-ega-bolgan-otlar-bi.html)iz

qo'shimchasi qo'shiladi (bil-di-niz, bil-se-n-iz). Onado'lu shevalarida ba'zan birlik qo'shimchasi tushishi natijasida yuzaga kelgan bil-di-z, bil-se-z shakllariga duch kelish mumkin10. Quyida berilgan qo'shimchalar aslida egalik qo'shimchalari bo'lib, vaqt o'tishi bilan fe'l shaxs-son qo'shimchalariga aylangan: Birlik: 1-shaxs: -m; 2 -shaxs: -n; 3 -shaxs: (qo'shimchasiz). Ko'plik: 1-shaxs: -k(e), - k(a); 2-
shaxs: -niz (-nız, -nüz, -nuz); 3-shaxs: -ler (-lar). Ko'plik 1-shaxs qo'shimchasi qadimgi o'zbekchada kelishik qo'shimchasiga parallel holda - (https://fayllar.org/fanning-maqsadi-v2.html)miz (-mız, -müz, -muz) shaklida bo'lgan. Keyinchalik uning o'rniga -dük (-duk) sifatdoshi ta'sirida -k (ke), -k (ka) qo'llana boshlangan. Bugungi kunda fe'llar 1-shaxs ko'plikda shu qo'shimchalar bilan tuslanmoqda: geldi-k, gelse-k kabi. Ko'plik 1-shaxs qo'shimchasi qadimgi o'zbekchada kelishik qo'shimchasiga parallel holda -miz (-mız, -müz, -muz) shaklida bo'lgan11.

Arxaiklashish hodisasi tilning grammatik birlik'larida, xususan, affiksal morfemalarda va shu morfemalar ishtirokida shakllangan grammatik formalarda ham uchraydi. Masalan: fe'lning sifatdosh shakllari qadimgi turkiy tilda «-mish» va «-mbish» (Taqridd bolmush turk Bilgd qag`an. - «Tangridan bo'lgan Bilga xoqon»), «-duq» va «-dük», «-tuq» va «-tük» (barduqyerde - «borgan yerda», boltuqda - «bo'lganda») morfemalari vositasida yasalgan, hozir esa bu funksiyada, asosan, «-gan» affiksi qo'llanadi: (bo'lgan, borgan kabi), «-duq» va «-dük», «-tuq» va «-tük» morfemalari esa grammatik (affiksal) arxaizmga aylangan. Ba'zi morfemalar hozirgi tilda bor bo'lsa-da, ularning talaffuzi eskirgan bo'ladi: «Yana bir Mahmud barlos edi. Navandokliq barloslardindur. Sulton Abusaid Mirzo qoshida ham bek edi. Sulton Abusaid Mirzog'a Iroq viloyati musaxxar bo'lg'onda Kirmonni Mahmud barlosg'a berib edi...» («Boburnoma»dan). Bu gapda qo'llangan «-din», «-dur», «-g'a», «-g'on» morfemalari hozirgi «-dan», «-dir», «-ga», «-gan» morfemalari ning eskirgan talaffuz variantlaridir (https://fayllar.org/orto-yun-epos-nutq-talaffuz--1-tilshunoslikning-adabiy-talaffu.html), bunday variantlar tilshunoslikda fonetik-grammatik arxaizmlar deb ham yuritiladi. Voqelikning hozir mavjudligi uning eski nomi (leksik arxaizmi) o'rnida yangi nomi bo'lishini taqozo qiladi: yuz (hozirgi nom) - yonoq (arxaizm), lab (hozirginom) dudoq (arxaizm), dushman (hozirgiso'z)- yog'iy (arxaizm), qo'shin (hozirgi so'z) - cherik (arxaizm) kabi. Bu hol tilning lug'at boyligida sinonimik qatorlarni shakllantiradi. Istorizmlar tomonidan nomlangan o'tmish voqeligi hozir yo'q, binobarin, ularning (istorizmlarning) hozirgi tilda sinonimlari ham bo'lmaydi.

Leksik arxaizmlarning yuzaga kelishida sinonim so'zlar orasidagi uslubiy munosabatlar muhim rol o'ynaydi: birining faollashuvi ikkinchisining passivlashuviga, arxaiklashuviga olib keladi. Istorizmlarda esa bunday munosabat bo'lmaydi: voqelikning yo'qolishi shu voqelik nomi bo'lgan so'zning (leksemaning) lug'atdan butunlay tushib qolishiga sabab bo'ladi.

III.3-§. Istorizmlarning badiiy asarlar leksikasida tutgan oʻrni

Badiiy asarlarda arxaizmlarning oʻrni beqiyos. Xususan, XX asrning oʻrtalarigacha yozilgan oʻzbek romanlarda va boshqa janrdagi tarixiy asarlarda eskirgan soʻzlar ko`p uchraydi. Badiiy nutqda eskirgan soʻzlarning stilistik funktsiyalarini tahlil qilar ekanmiz, ularning ayrim hollarda (shuningdek, boshqa leksik vositalarga murojaat qilgan holda) qoʻllanilishi maʼlum bir stilistik vazifa bilan bogʻliq boʻlishi mumkin emas, balki oʻziga xos xususiyatlarga bogʻliq boʻlishi mumkinligini hisobga olish mumkin emas.

Muallifning boʻgʻini, yozuvchining individual afzalliklari. Har qanday istorizm dastlab ayrim shaxs nutqida voqe boʻladi, bunday paytda u individual nutq neologizmi sanaladi. Masalan; «Bekang koʻrinmay qoldiku? dedi qesakpolvon labiga sigaret qistirib. Humkalla choʻntagidan chaqqonlik bilan yoqqich olib unga olov tutdi...» (T.M.)   Bu   gapda yoqqich soʻzi ruscha zajigalka soʻzining kalkasi tarzida qoʻllangan, uni asar muallifi (Tohir Malik) oʻzi yasagan va oʻzi individual nutq neologizmi sifatida birinchi boʻlib ishlatgan. Demak, bu soʻz hozircha umumtil neologizmi darajasiga koʻtarilmagan, chunki u nutq ixtiyoridan til ixtiyoriga oʻtmagan. Baʼzan ancha ilgari yaratilgan individual nutq neologizmlari ham umumnutq neologizmiga aylanmay qolib ketadi. Buni atoqli yozuvchi Abdulhamid Choʻlpon tomonidan oʻz vaqtida yasalgan ozitqi soʻzi misolida yaqqol koʻrsa boʻladi: «...Har bir ona suti ogʻzidan ketmagan tentak gimnazistni bir «ozitqi»deb bilardi».

Abdulhamid Cho'lpon bu gapdagi ozitqi so'zini achitqi, qichitqi tipidagi yasalmalar modeliga (qolipiga) suyanib yasagan va uni «yo'ldan ozdiruvchi» ma'nosida qo'llagan. Bu nutqiy parchada ozitqi so'zining yangi lisoniy-badiiy topilma sifatida alohida estetik qiymat kasb etganligi shubhasiz, ammo u shu matndan tashqariga, umumtil doirasiga chiqqan emas, demak, umumtil neologizmi holatiga o'tmagan. Bunday holat Oybekning «Nur qidirib» povestidan keltirilgan quyidagi gapda ham kuzatiladi: «... chorrahada, balandlikda qizil sallali, qisqa ishtonli qopqora regulirovshchik-yo'lbon qo'llarini ohangdor o'ynatib, ko'cha harakatini boshqaradi».

Eskirgan leksika XX-asrda ijod etgan va hozir ham ijod etayotgan ko'pchilik yozuvchi va shoirlarning asarlarida ko'p uchraydi. Shu narsa qiziqki, hozirgi o'zbek tilida eskirgan so'z hisoblangan leksik birliklar hozirgi o'zbek tilida hech qanday eskirgan so'z hisoblanmaydi, nutqda juda faol qo'llaniladi.

Shuni ham ta'kidlash kerakki, ba'zi holatlarda ifodaning ko'tarinkiligini ta'minlash maqsadida hozirgi nutqda eskirgan so'zlar siyosatchilar, olimlar tomonidan, badiiy adabiyotda yozuvchilar tomonidan keng qo'llanadi. Undan tashqari, zamonaviy nutqda eskirgan so'zlarning qo'llanilishi oddiy, zamonaviy so'z bilan tasvirlanishi mumkin bo'lgan hodisaning muhimligini ta'kidlashga yordam beradi.

Arxaizmlar saqlanib qolgan badiiy matnlar sirasiga turk xalq maqollarini ham kiritish mumkin. Chunki xalq maqollari ming yillar ilgari paydo bo'lgan ma'naviy xazinadir. Maqollarda ifodalangan xalq falsafasi, uning o'ziga xosliklarini aks ettirgan o'gitlar bugun ham dolzarbligini yo'qotmagan. Faqat maqollar tarkibidagi ayrim so'z va birikmalar ular paydo bo'lgan davr, ya'ni qadimgi turkiy tilga oiddir. Bobning xulosasi sifatida shuni aytish mumkin. Badiiy asarlar, o'zbek xalq maqollari va idiomalar, realiyalar arxaizmlarning koni hisoblanadi. Ular badiiy asarlarga rang, tus, joziba berishdan tashqari, tilning boy tarixini ham namoyish etadi. Badiiy matnni lisoniy tahlil qilish jarayonida badiiy asar tilidagi ma'nodosh, shakldosh, zid ma'noli, ko'p ma'noli, tarixiy va arxaik so'zlar, yangi yasalmalar, shevaga oid so'zlar, chet va vulgar so'zlar ajratib olinadi va asarga nima maqsad bilan olib kirilganligi izohlanadi. Badiiy adabiyotda muayyan tasvir maqsadi bilan o'zga tilga oid so'z va iboralar qo'llanishi kuzatiladi. Tilning lug'at tarkibiga kiritilmagan, faqatgina og'zaki nutqda mavjud bo'lgan bunday chet so'zlaridan badiiy nutqda voqealar bo'lib o'tayotgan o'ringa ishora qilish, nutqiy vaziyat va unda ishtirok etayotganlarning milliy mansubligi, qahramonlar xarakteri haqida ma'lumot berish maqsadida foydalaniladi.

IV. ARXAIZM VA ISTORIZMLARNING FARQI

IV.1-§. Tarixiy va arxaik birliklarning muhim belgisi

Tarixiy va arxaik birliklarning muhim belgisi:

1) arxaik so'z hozir mavjud narsa, tarixiy so'z - o'tmish narsa-hodisasi atamasi;

2) arxaizmning hozirgi tilda sinonimi mavjud, tarixiy so'zning sinonimi yo'q;

3) tarixiy so'z yakka nom, arxaik so'z birdan ortiq nomning biri.

Yangi so'z - tilda endi paydo bo'lgan va yangilik bo'yog'i sezilib turgan so'z: lizing, audit, market, test, internet kabi. Ular fanda neologizm deb ham yuritiladi.

Neologizm quyidagi turga ega:

a) yangi yasalgan: serverxona, devonxona, oraliq nazorat, yakuniy nazorat;

b) yangi ma'no kasb etgan: tadbirkor, halqa (yo'l), nazorat, do'kon, foiz;

c) yangi kirib kelgan: reyting, test, audit, market.

Yangi so'z davr o'tishi bilan zamondosh leksika tarkibiga o'tib ketadi. Masalan, yaqin vaqtgacha neologizm sifatida qaralgan kosmos, televideniye leksemasi bugungi kunda yangilik bo'yog'ini yo'qotdi. Faollashgan so'z yangi so'zning turidan bo'lib, bir vaqt iste'moldan chiqib ketgan va bugungi kunda qayta qo'llana boshlagan: hokim, viloyat, tuman, oqsoqol, sardor kabi.

Arxaizm va istorizmlarni xronizmdan farqlash lozim bo'ladi. Xronizm biror voqelik nomini vaqti kelib boshqa bir nom bilan almashtirishdir.

Xronizmlar iste'moldan, qo'llanishdan chiqqan voqelikning emas, balki mavjud narsa yoki hodisaning almashgan nomidir. Istorizm bo'lsa qo'llanishdan chiqqan, tarixga aylangan voqelik nomndir. Xronizm hisoblanuvchi eski va yangi nomlar o'zaro sinonim bo'lolmaydi. Arxaizmlar uchun esa o'zaro sinonimlik xususiyati xos. Mana shu belgilariga ko'ra xronizm istorizm va arxaizmlardan farq qiladi.

Yuqoridagi mulohazalardan keyin arxaizm va istorizmning o'zaro farqini belgilash mumkin:

1) istorizm o'tmish davrdagi predmet yoki hodisaning eskirgan nomi, arxaizm esa o'tmishda ham, hozirda ham mavjud narsa yoki hodisaning eskirgan nomi;

2) istorizm o'tmish davr predmet yoki hodisasining birdan-bir eskirgan nomi, arxaizm o'tmishga tegishli, ammo hozirda ham ishlatiluvchi narsa yoki hodisaning eskirgan nomlaridan biri. Istorizm birdan-bir yakka nom, uning o'rnini bosuvchi so'z yo'q, arxaizm qo'sh nomning eskirib qolganlaridai biri, eskirgani;

3) arxaizm zamonaviy sinonimi, dubleti mavjud so'z va u o'z sinonimi bilan bir davrda ishlatiladi, qo'llana oladi. Istorizmning esa sinoinmi bo'lmaydi;

4) arxaik so'zning eskirganligi uning dublet yoki sinonimiga qiyosan baholanadi. Istorizmda bu imkoniyat yo'q. Istorizmning eskirganligi davrga ko'ra, so'zning funksional belgisi, ya'ni davr tili leksik normalariga aloqadorligiga ko'ra baholanadi;

5) arxaizm — sinonim, stilistik sinonimlardai biri shu uchun ham u nutqda stilistik vazifa o'taydi. Arxaizm sinonimik uyadan ehtiyojga qarab tanlab olinadi va ishlatiladi. Istorizmda bu imkoniyat yo'q. U o'tmish

davrga oid narsa va hodisaning yagona nomi. Shu tufayli ehtiyoj tug'ilib qolganda istorizmning o'zi ishlatiladi. Istorizmni boshqa so'z bilai almashtirib bo'lmaydi;

6) istorizm — nominativ funksiya bajaradi. Arxaizm esa ham nominativ, ham stilistik vazifa bajaradi;

7) istorizmni nolingvistik (ekstralingivistik) omillar tug'diradi: predmet, hodisa eskirishi, o'tmishga aylanishi bilan uning nomi ham iste'moldan chiqadi. Arxaizmni tug'diruvchi omil tilning o'z ichki qonuniyatlaridir. Arxaizm sinonim yoki dubletlarning, grammatik vositalarning o'zaro kurashi va adabiy til normativ qonuniyatlari talabi tufayli tug'iladi.

IV.2-§. Leksik arxaizmlarning leksik istorizmlardan farqi

1. Leksik arxaizm hozirgi paytda mavjud bo'lgan narsa-hodisaning eskirgan nomidir. Istorizm esa o'tmish voqeligining nomi.

2. Voqelikning hozir mavjudligi uning eski nomi (leksik arxaizmi) o'rnida yangi nomi bo'lishini taqozo qiladi: yuz (hozirgi nom) — yonoq (arxaizm), lab (hozirgi nom) - dudoq (arxaizm), dushman (hozirgi so'z) — yog'iy (arxaizm), qo'shin (hozirgi so'z) — cherik (arxaizm) kabi. Bu hoi tilning lug'at boyligida sinonimik qatorlarni shakllantiradi. Istorizmlar tomonidan nomlangan o'tmish voqeligi hozir yo'q, binobarin, ularning (istorizmlarning) hozirgi tilda sinonimlari ham bo'lmaydi.

3. Leksik arxaizmlarning yuzaga kelishida sinonim so'zlar orasidagi uslubiy munosabatlar muhim rol o'ynaydi: birining faollashuvi ikkinchisining passivlashuviga, arxaiklashuviga olib keladi. Istorizmlarda esa bunday munosabat bo'lmaydi: voqelikning yo'qolishi

shu voqelik nomi boʻlgan soʻzning (leksemaning) lugʻatdan butunlay tushib qolishiga sabab boʻladi.

XULOSA

Xulosa qilib aytganda, hozirgi zamon o'zbek tilidagi lug'atlardan joy olgan arxaizmlar va istorizmlar semantik nuqtai nazardan ko'rib chiqilgan, leksik qatlamlarning til lug'at tarkibida tutgan o'rni, leksik birliklar semantikasi bilan bog'liq masalalar tadqiqiga bag'ishlangan kurs ishi natijasida quyidagi xulosalarga kelindi:

- hozirgi zamon o'zbek tilini o'rganishda arxaik so'zlarni bilish va ushbu leksik qatlamni o'xshash birliklardan farqlay olish ba'zi qiyinchiliklarning yuzaga kelishiga sabab bo'lmoqda, arxaik leksikani tarixiy leksikadan farqlash va o'xshash jihatlarini aniqlash qator qiyinchchiliklar tug'dirmoqda.

- arxaizmlar tilning boshqa qatlamlari bilan birga tilshunoslikning turli nuqtai nazarlaridan ko`rib chiqilgan, turk tilining leksikologiyasi, semantikasiga oid o'quv va ilmiy adabiyotlarda, amalga oshirilgan ba'zi ilmiy ishlarda arxaizmlar ustida qisqacha to'xtab o'tilgan;

- Turkiy arxaizmlar va tarixiy leksika mavzusi turkiy xalqlarning tarixi, madaniyati, ma'naviy qadriyatlari va urf-odatlarini saqlab qolish ma'nosida dunyo fanining diqqat markazida turadi;

- tilining lug'at tarkibida arxaizmlarning taxminiy miqdori, ularning tarixiy so'zlar bilan o'zaro munosabati belgilandi;

- arxaizmlarning badiiy asarlar leksikasida tutgan o'rnini belgilandi;

- tadqiqot natijasida tarixiy so'zlar va arxaizmlar orasidagi o'xshash va farqliliklar ajratilib, tarixiy so'zlar hozirda mavjud bo'lmagan narsa hodisalarning iste'moldan butunlay chiqib ketgan nomlari, bunda so'z o'zi ifodalagan tushuncha bilan birgalikda eskirishi, arxaik so'zlarning esa hozirda mavjud bo'lmagan narsa-hodisalarning iste'moldan butunlay chiqib ketgan nomlari bo'lib, bunda so'z eskirishi, lekin tushuncha eskirmasligi, boshqa so'z bilan ifodalanadigan bo'lib qolishi, bunday so'zlarning iste'moldan chiqish arafasida turgan, hozirgi tilda sinonimi bo'lgan so'zlar ekanligi alohida ta'kidlandi;

- hozirgi o'zbek tilining arxaik qatlamini sozlardan tashqari qo'shimchalar va o'xshash grammatik shakllar ham tashkil etadi. Chunki tilda so'zlar eskirgani kabi qo'shimchalar ham eskirishi mumkin. Bular jumlasiga ba'zi so'z yasovchi va kelishik qo'shimchalari kiradi;

- tadqiqotda hozirgi o'zbek tilida eskirgan so'z hisoblangan leksik birliklarning zamonaviy o'zbek tilida eskirgan so'z emasligi, nutqda faol qo'llanib kelinayotgani, ba'zi holatlarda ifodaning ko'tarinkiligini ta'minlash maqsadida hozirgi nutqda eskirgan so'zlar qo'llanilayotgani uqtirishga harakat qilindi.

FOYDALANILGAN ADABIYOTLAR

1. Asqarova M., Abdurahmonov G. "Hozirgi oʻzbek tili" Toshkent 1986, 28-32 betlar
2. N.M. Shanskiy 1984 yilda "Leksikonidagi eskirgan soʻzlar" 27-33 betlar
3. Gulomov A., Askarov M. "Hozirgi o'zbek adabiy tili" Toshkent 1987
4. Sodiqov K., Xamidov X, Xudoyberganova Z, Aminova L "Turk tili" Toshkent 2003
5. Gasparov M.L. Lirik she'r kompozitsiyasi tahliliga // Badiiy asar yaxlitligi va uni maktab va universitet adabiyotshunosligida tahlil qilish muammolari. Donetsk, 1995 yil., 255-bet
6. Axmanova O.S. Lingvistik atamalar lugʻati. M.: Entsiklopediya, 1966 yil. 123-129 betlar
7. Oʻzbek tilining izohli lugʻati, 1-2- jildlar, «Русский язык», 1981. 88-92 betlar
8. Tilshunoslik ensiklopedik lugʻat/ Ch. ed. V.N. Yartseva. M.: Entsiklopediya, 1990 yil. 143-147 betlar
9. Birjakova E.E., Voinova L.A., Kutina L.L. 18-asrning tarixiy leksikologiyasiga oid insholar: til aloqalari va qarzlar L.: Nauka, 1972 yil -431 b.
10. Rosenthal D.E., Telenkova M.A. Lingvistik atamalarning lugʻat-ma'lumotnomasi. M.: Ta'lim, 1985 yil.
11. Eskirgan soʻzlar lugʻati: Asarlar boʻyicha maktab oʻquv dasturi/ Komp. Tkachenko N.G., Andreeva I.V., Basko X.B. M .: Rolf, 1997 yil.

12. Xorijiy so'zlarning zamonaviy lug'ati. 1993 yil.59 b
13. David Crystal, Words, Words, Words. Oxford University Press, 2006
14. Jason Cowley, "Nick's Second Coming" The Guardian, Oct. 1, 2006. 189p
15. Weinreich U. Til aloqalari: Davlat va tadqiqot muammolari. -Kiev: Vishcha maktabi, 1979.263 p.
16. Martin Montgomery et al., Ways of Reading: Advanced Reading Skills for Students of English Literature, 3rd ed. Routledge, 2007.97p
17. Vinogradov V.V. So'z va ma'no tarixiy-leksikologik tadqiqot predmeti sifatida // Tilshunoslik masalalari. 1995. - No 1.1. S. 5-36.
18. Golovanevskiy A. L. Ijtimoiy va siyosiy lug'atning semantik va derivativ tarkibi // Matndagi so'zlar va so'z shakllarining semantikasi: Sat. ilmiy maqolalar. M., 1988 yil.
19. M.M. Yo'ldoshcv. Cho'lpon ning badiiy til mahorati («Kecha va kunduz» romani misolida). NDA. — T.: 2000, 12—13- b.

www.ingramcontent.com/pod-product-compliance
Lightning Source LLC
LaVergne TN
LVHW010604070526
838199LV00063BA/5072